孟子译注

济宁干部政德教育学院 编

齊魯書社

《孟子译注》编写人员

主　　编：孔凡萍

副 主 编：李敬学　郑龙弟

文稿编辑：崔德路　种淑娴　沈效敏

汪亚洲　张玉宝　王希伟

孔繁鹏　步媛媛　程　强

前　言

2013年11月，习近平总书记视察山东视察济宁，作出大力弘扬中华优秀传统文化的重要指示，强调“国无德不兴，人无德不立”。在党的十九大报告中，习近平总书记进一步指出，中国共产党从成立之日起，既是中国先进文化的积极引领者和践行者，又是中华优秀传统文化的忠实传承者和弘扬者。要深入挖掘中华优秀传统文化蕴含的思想观念、人文精神、道德规范，结合时代要求继承创新，让中华文化展现出永久魅力和时代风采。2018年3月以来，习近平总书记进一步强调“领导干部要讲政德”，要“加强政德修养、打牢从政之基”，提出要用历史文化和革命文化资源来加强干部队伍建设，努力培养更多好干部。

为深入学习贯彻习近平总书记重要讲话、重要指示精神，我们充分发挥济宁传统文化资源富集的优势，积极探索把以儒家思想为代表的中华优秀传统文化创造性地应用到干部教育培训中，“以古人之规矩，开自己之生面”，精心打造干部政德教育基地，逐步形成课堂教学、现场教学、体验教学、礼乐教学等“四位一体”的教学模式，在培育提升干部为政之德、建设忠诚干净担当干部队伍方面发挥了很好作用。

2016年7月，山东省委组织部在济宁干部政德教育学院召开教学体系建设专题研讨会，对加快干部政德教育基地建设，进一步提升干部政德教育水平作出规划部署，提出构建一套周密完备的课程体系、设计一套灵活多样的教学模式、编写一套适用性强的辅助教材、营造一个儒韵深厚的教学环境、组建一支高素质的师资队伍等“五个一”的目标任务。2018 年 5 月，山东省委组织部又在济宁干部政德教育学院召开《干部政德教育丛书》编撰工作座谈会，组织有关专家、学者研讨系列教材编撰提升工作。在教材编写方面，我们根据学员需求，结合教学实际，组织专家团队集中精力编撰《干部政德教育丛书》，主要包括《论语》《孟子》《大学》《中庸》等经典译注和《干部政德教育现场教学讲解词》等系列教材。丛书编撰坚持以习近平新时代中国特色社会主义思想为指导，认真贯彻落实习近平总书记关于弘扬中华优秀传统文化的重要指示精神，坚持创造性转化、创新性发展的“两创”方针，紧紧围绕“讲清楚每个国家和民族的历史传统、文化积淀、基本国情不同，其发展道路必然有着自己的特色；讲清楚中华文化积淀着中华民族最深沉的精神追求，是中华民族生生不息、发展壮大的丰厚滋养；讲清楚中华优秀传统文化是中华民族的突出优势，是我们最深厚的文化软实力；讲清楚中国特色社会主义植根于中华文化沃土、反映中国人民意愿、适应中国和时代发展进步要求，有着深厚历史渊源和广泛现实基础”等“四个讲清楚”重大课题，着力在诠释儒家经典的基础上，古为今用、推陈出新，阐发中华优秀传统文化的思想精髓和当代价值，帮助干部从中华优秀传统文化凝结的哲学思想、人文精神、道德理念中汲取滋养，培育提升为政之德。

希望丛书的出版，能够帮助广大读者以学益智、以学养德、以学立身；启示、促进干部修身齐家、从政理政，明大德、守公德、严私德，更好地依靠文化自信坚定理想信念，为建设新时代中国特色社会主义增添力量。

编　者

二〇一九年十二月

目 录

梁惠王上

1.1　孟子见梁惠王[①]。王曰："叟不远千里而来，亦将有以利吾国乎？"

孟子对曰："王何必曰利？亦有仁义而已矣。王曰'何以利吾国？'大夫[②]曰'何以利吾家[③]？'士庶人曰'何以利吾身？'上下交征利而国危矣。万乘[④]之国，弑其君者，必千乘之家；千乘之国，弑其君者，必百乘之家。万取千焉，千取百焉，不为不多矣。苟为后义而先利，不夺不餍[⑤]。未有仁而遗其亲者也，未有义而后其君者也。王亦曰仁义而已矣，何必曰利？"

【注释】

①梁惠王：即魏惠王，名罃，惠是他的谥号。在位时迫于秦国的压力，将都城从安邑迁往大梁，所以又称梁惠王。②大夫：先秦时代职官等级名。③家：大夫的封邑。封邑是诸侯封赐所属卿、大夫作为世禄的田邑，又称采地。④乘（shèng）：量词，一车四马为一乘。⑤餍（yàn）：满足。

【译文】

孟子拜见梁惠王。梁惠王说："老先生你不远千里而来，将给我的国家带来什么利益呢？"

孟子答道："大王何必说利？只要有仁义就够了。大王说'怎样才对我的国家有利？'大夫说'怎样才对我的封邑有利？'士人百姓说‘怎样才对我本人有利？’这样上上下下互相争夺利益，国家就危险了。在拥有万辆兵车的国家，能够杀掉国君的，必定是拥有千辆兵车的大夫；在拥有千辆兵车的国家，能够杀掉国君的，必定是拥有百辆兵车的大夫。在拥有万辆兵车的国家里，这些大夫拥有千辆兵车；在拥有千辆兵车的国家里，这些大夫拥有百辆兵车，不算是不多了。如果轻义而重利，他们不夺取全部兵车是不会满足的。没有讲‘仁’的人会遗弃自己父母的，没有行‘义’的人会怠慢自己君主的。大王只要讲仁义就够了，何必谈利呢？”

1.2　孟子见梁惠王。王立于沼上，顾鸿雁麋鹿，曰：“贤者亦乐此乎？”

孟子对曰：“贤者而后乐此，不贤者虽有此，不乐也。《诗》①云：‘经始灵台，经之营之，庶民攻之，不日成之。经始勿亟，庶民子来。王②在灵囿，麀鹿攸伏③，麀鹿濯濯④，白鸟鹤鹤⑤。王在灵沼，于牣鱼跃。’文王以民力为台为沼，而民欢乐之，谓其台曰灵台，谓其沼曰灵沼，乐其有麋鹿鱼鳖。古之人与民偕乐，故能乐也。《汤誓》⑥曰：‘时日害⑦丧，予及女⑧偕亡。’民欲与之偕亡，虽有台池鸟兽，岂能独乐哉？”

【注释】

①《诗》：即《诗经》，我国最早的诗歌总集。② 王：这里指周文王姬昌。③ 麀（yōu）鹿攸伏：麀，母鹿。伏，安其所而伏，不惊动。④ 濯濯：肥美而有光泽的样子。⑤ 鹤鹤：羽毛洁白的样子。⑥《汤誓》：《尚书》中的一篇，记载商汤讨伐暴君夏王桀的誓词。本章引用的是百姓诅咒夏桀的话。⑦ 害（hé）：同“曷”，何。⑧ 女：同“汝”，你。

【译文】

孟子拜见梁惠王。梁惠王站在池塘边上，观赏着鸿雁麋鹿，问道：“贤人也会以此为乐吗？”

孟子答道：“只有贤人才能够以此为乐，不贤的人就算拥有这些东西，也不会感到快乐。《诗经》中说：‘开始筑灵台，经营复经营，大家齐努力，很快便落成。王说不要急，百姓更卖力。王到鹿苑中，母鹿正安逸。母鹿肥又美，白鸟羽毛洁。王到灵沼上，满池鱼跳跃。’文王虽然利用民力来修建高台深池，老百姓却非常高兴，把他的台叫作‘灵台’，把他的池叫作‘灵沼’，为他有麋鹿鱼鳖而高兴。古代的君王与民同乐，所以能够真正快乐。相反，《汤誓》说：‘你这太阳啊，什么时候陨落呢？我宁肯与你一起灭亡！’百姓怨恨到要和他一起灭亡的程度，纵使他有台池鸟兽，难道能独自享受吗？”

1.3　梁惠王曰：“寡人之于国也，尽心焉耳矣。河内[①]凶，则移其民于河东[②]，移其粟于河内；河东凶亦然。察邻国之政，无如寡人之用心者。邻国之民不加少，寡人之民不加多，何也？”

孟子对曰：“王好战，请以战喻。填然鼓之，兵[③]刃既接，弃甲曳兵而走。或百步而后止，或五十步而后止。以五十步笑百步，则何如？”

曰：“不可，直不百步耳，是亦走也。”

曰：“王如知此，则无望民之多于邻国也。不违农时，谷不可胜食也；数罟不入洿池[④]，鱼鳖不可胜食也；斧斤以时入山林，材木不可胜用也。谷与鱼鳖不可胜食，材木不可胜用，是使民养生丧死无憾也。养生丧死无憾，王道之始也。五亩之宅，树之以桑，五十者可以衣帛矣。鸡豚狗彘之畜，无失其时，七十者可以食肉矣。百亩之田，勿夺其时，数口之家可以无饥矣。谨庠序[5]之教，申之以孝悌之义，颁白者不负戴于道路矣。七十者衣帛食肉，黎民不饥不寒，然而不王者，未之有也。狗彘食人食而不知检，涂有饿莩[6]而不知发；人死，则曰'非我也，岁也'，是何异于刺人而杀之，曰'非我也，兵也'。王无罪岁，斯天下之民至焉。"

【注释】

①河内：指黄河以北的今河南省沁阳、济源、博爱一带，当时是魏国的领土。②河东：指黄河以东的今山西省西南部，当时是魏国的领土。③兵：兵器。④数罟（cù gǔ）不入洿（wū）池：数罟，密网。洿池，大池。⑤庠序：古代地方所设的学校。⑥莩（piǎo）：饿死的人。

【译文】

梁惠王说："我对于国家，真是尽心尽力了。河内发生饥荒，我就把那里的（一部分）百姓迁移到河东，同时还把河东的（一部分）粮食运到河内；假如河东发生饥荒也是这样做的。我曾经考察过邻国的政治，没有哪一个国君能像我这么用心的。可是，邻国的百姓并不因此减少，我的百姓并不因此增多，这是什么缘故呢？"

孟子答道："大王喜欢打仗，那就让我拿打仗做比喻。咚咚地擂起战鼓，刀刃剑锋相碰，（打败仗的）丢盔弃甲，拖着兵器逃跑。有的逃了一百步停下来，有的逃了五十步停下来。逃了五十步的士兵就嘲笑那些逃了一百步的，可以吗？"

梁惠王说："不可以，只不过后面的逃不到一百步罢了，这同样是逃跑啊。"

孟子说："大王如果懂得这个道理，就不要指望魏国的百姓会比邻国多了。不耽误百姓的农时，粮食就吃不完；细密的渔网不放入大池塘捕捞，鱼类就吃不完；按一定的时令进入山林砍伐树木，木材也会用不尽。粮食和鱼类吃不完，木材用不尽，百姓生养死葬就没有什么遗憾的了。百姓生养死葬没有什么遗憾，这就是王道的开端。在五亩大的宅院中，种植桑树，那么，这家五十岁的人都可以穿上丝棉袄了。鸡、狗与猪等禽畜，不错过繁殖的季节，那么，这家七十岁的人都可以有肉吃了。一百亩的耕地，不去妨碍他们的生产，那么，这几口人的家庭就可以不挨饿了。注重办好各级各类的学校，反复地用孝顺父母、敬爱兄长的道理训导他们，那么，须发花白的人也就不会头顶着、背负着重物件在路上行走了。七十岁以上的人有丝棉袄穿，有肉吃，一般百姓饿不着，冻不着，这样还不能让天下人归服的，是从来不曾有过的事。（现在的情况却不如此，）富贵人家的猪狗吃着人吃的粮食，却不知道制止；道路上有饿死的尸体，却不知道开仓赈济；百姓饿死了，却说'这不是我的责任，是年成不好'，这种说法和拿着刀子杀死了人，却说'不是我杀的人，是兵器杀的'，又有什么两样呢。大王请您不要怪罪于年成不好，（只要推行仁政，）这样天下的百姓就会投奔到您这儿来了。"

1.4　梁惠王曰："寡人愿安承教。"

孟子对曰："杀人以梃[①]与刃，有以异乎？"

曰："无以异也。"

“以刃与政，有以异乎？”

曰：“无以异也。”

曰：“庖[2]有肥肉，厩[3]有肥马，民有饥色，野有饿莩，此率兽而食人也。兽相食，且[4]人恶之；为民父母行政，不免于率兽而食人，恶[5]在其为民父母也？仲尼曰：‘始作俑[6]者，其无后乎！’为其象[7]人而用之也。如之何其使斯民饥而死也？”

【注释】

①梃：木棒。②庖：厨房。③厩（jiù）：马棚。④且：尚且。⑤恶（wū）：疑问副词，何，怎么。⑥俑：古代陪葬用的土偶、木偶。⑦象：同“像”。

【译文】

梁惠王说：“寡人愿意诚心接受指教。”

孟子答道：“用木棒打死人和用刀子杀死人，有什么不同吗？”

梁惠王说：“没有什么不同。”

孟子又问：“用刀子杀死人和用政治害死人，有什么不同吗？”

梁惠王说：“也没有什么不同。”

孟子说：“厨房里有肥肉，马棚里有肥马，老百姓却面带饥色，野外有饿死的人，这就如同率领着野兽来吃人啊！野兽自相残杀，人们尚且厌恶它；作为老百姓的父母官施行政治，却不能避免率领野兽来吃人，那又怎么能够做老百姓的父母官呢？孔子说：‘最初采用土偶、木偶陪葬的人，大概会断子绝孙吧！’这不过是因为土偶、木偶太像活人而用来陪葬罢了。又怎么可以使老百姓饿死呢？”

1.5　梁惠王曰：“晋国[1]，天下莫强[2]焉，叟之所知也。及寡人之身，东败于齐，长子死焉[3]；西丧地于秦七百里[4]；南辱于楚[5]。寡人耻之，愿比死者壹洒之[6]，如之何则可？”

孟子对曰：“地方百里而可以王。王如施仁政于民，省刑罚，薄税敛，深耕易耨[7]；壮者以暇日，修其孝悌忠信，入以事其父兄，出以事其长上，可使制梃以挞秦楚之坚甲利兵矣。彼夺其民时，使不得耕耨，以养其父母；父母冻饿，兄弟妻子离散。彼陷溺其民，王往而征之，夫谁与王敌？故曰：‘仁者无敌。’王请勿疑！”

【注释】

①晋国：韩、赵、魏三家分晋，被周天子和各国承认为诸侯国，梁惠王把魏国称为晋国。②莫强：没有比它更强的。③东败于齐，长子死焉：公元前341年，魏与齐战于马陵，兵败，主将庞涓被杀，太子申被俘。④西丧地于秦七百里：马陵之战后，魏国国势渐衰，秦屡败魏国，迫使魏国献出河西之地和上郡的十五个县。⑤南辱于楚：公元前324年，魏又被楚将昭阳击败于襄陵，魏国失去八邑。⑥愿比（bì）死者壹洒（xǐ）之：比，为。壹，全都。洒，洗刷。指希望为全体死难者报仇雪恨。⑦易耨（nòu）：指及时除草。耨，除草。

【译文】

梁惠王说：“魏国，原先天下没有比它更强大的国家，老先生您是知道的。可是到了我这里，东边被齐国打败，连我的大儿子都死掉了；西边丧失了七百里土地给秦国；南边又受楚国的欺辱。我为这些事感到羞耻，希望替所有的死难者报仇雪恨，我要怎样做才行呢？”

孟子答道：“只要有方圆百里的土地就可以称王于天下。您如果对老百姓施行仁政，减免刑罚，少收赋税，使百姓深耕细作，及时除草；让身强力壮的人抽出时间，学习孝悌忠信，在家侍奉父母兄长，出门敬重长上，这样即使使用自己制作的木棒也可以抗击那些拥有坚实盔甲、锐利刀枪的秦、楚军队了。那些国家的君主剥夺了他们老百姓的生产时间，使他们不能够深耕细作来赡养父母；父母受冻挨饿，兄弟妻子东离西散。他们使老百姓陷入深渊之中，大王去讨伐他们，还有谁能与大王对抗呢？所以说：‘仁德的人是无敌于天下的。’请大王不要怀疑了！”

1.6　孟子见梁襄王①，出，语②人曰：“望之不似人君，就之而不见所畏焉。卒然③问曰：‘天下恶乎定？’吾对曰：‘定于一。’‘孰能一之？’对曰：‘不嗜杀人者能一之。’‘孰能与④之？’对曰：‘天下莫不与也。王知夫苗乎？七八月之间旱，则苗槁矣。天油然作云，沛然下雨，则苗浡然⑤兴之矣。其如是，孰能御之？今夫天下之人牧⑥，未有不嗜杀人者也。如有不嗜杀人者，则天下之民皆引领而望之矣。诚如是也，民归之，由⑦水之就下，沛然谁能御之？’”

【注释】

①梁襄王：梁惠王的儿子，名嗣，公元前318年至公元前296年在位。②语（yù）：动词，告诉。③卒然：卒，同“猝”，突然。④与：跟从。⑤浡然：兴起的样子。⑥人牧：治理人民的人，指国君。⑦由：同“犹”，好像，如同。

【译文】

孟子拜见梁襄王，出来后，对人说："远看不像个国君，走到跟前也看不出他的威严。（梁襄王）突然发问道：'天下怎样才能安定？'我答道：'天下统一了就能安定。''谁能统一天下？'我答道：'不喜欢杀人的人能统一天下。'他又问：'谁会归顺他呢？'我答道：'天下的人没有不归顺的。大王了解禾苗吗？七八月间遇到干旱，禾苗就枯萎了。（假如这时候）天上忽然涌起乌云，降下大雨来，那么禾苗就又能蓬勃旺盛地生长起来了。像这样，谁又能阻止它生长呢？如今天下的国君没有不好杀人的。如果有不好杀人的，天下的老百姓必然都会伸长了脖子盼望着他了。果真如此，老百姓归顺他，就跟水往低处奔流一样，浩浩荡荡，又有谁能够阻挡呢？'"

1.7　齐宣王①问曰："齐桓、晋文②之事可得闻乎？"

孟子对曰："仲尼之徒，无道桓文之事者，是以后世无传焉，臣未之闻也。无以，则王乎？"

曰："德何如则可以王矣？"

曰："保民而王，莫之能御也。"

曰："若寡人者，可以保民乎哉？"

曰："可。"

曰："何由知吾可也？"

曰："臣闻之胡龁曰，王坐于堂上，有牵牛而过堂下者，王见之，曰：'牛何之？'对曰：'将以衅钟③。'王曰：'舍之！吾不忍其觳觫④，若无罪而就死地。'对曰：'然则废衅钟与？'

曰：'何可废也？以羊易之。'不识有诸？"

曰："有之。"

曰："是心足以王矣。百姓皆以王为爱也，臣固知王之不忍也。"

王曰："然，诚有百姓者。齐国虽褊小，吾何爱一牛？即不忍其觳觫，若无罪而就死地，故以羊易之也。"

曰："王无异于百姓之以王为爱也。以小易大，彼恶知之？王若隐其无罪而就死地，则牛羊何择焉？"

王笑曰："是诚何心哉？我非爱其财而易之以羊也。宜乎百姓之谓我爱也。"

曰："无伤也，是乃仁术也，见牛未见羊也。君子之于禽兽也，见其生，不忍见其死，闻其声，不忍食其肉。是以君子远庖厨也。"

王说[⑤]曰："《诗》云：'他人有心，予忖度之。'夫子之谓也。夫我乃行之，反而求之，不得吾心。夫子言之，于我心有戚戚焉。此心之所以合于王者，何也？"

曰："有复于王者，曰：'吾力足以举百钧，而不足以举一羽；明足以察秋毫之末，而不见舆薪。'则王许之乎？"

曰："否。"

"今恩足以及禽兽，而功不至于百姓者，独何与？然则一羽之不举，为不用力焉；舆薪之不见，为不用明焉；百姓之不见保，为不用恩焉。故王之不王，不为也，非不能也。"

曰："不为者与不能者之形，何以异？"

曰："挟太山以超北海，语人曰：'我不能。'是诚不能也。

为长者折枝，语人曰：‘我不能。’是不为也，非不能也。故王之不王，非挟太山以超北海之类也；王之不王，是折枝之类也。老吾老，以及人之老；幼吾幼，以及人之幼。天下可运于掌。《诗》云：‘刑于寡妻[6]，至于兄弟，以御于家邦。’言举斯心加诸彼而已。故推恩足以保四海，不推恩无以保妻子。古之人所以大过人者，无他焉，善推其所为而已矣。今恩足以及禽兽，而功不至于百姓者，独何与？权，然后知轻重；度，然后知长短。物皆然，心为甚。王请度之！抑王兴甲兵，危士臣，构怨于诸侯，然后快于心与？”

王曰：“否，吾何快于是？将以求吾所大欲也。”

曰：“王之所大欲，可得闻与？”

王笑而不言。

曰：“为肥甘不足于口与？轻暖不足于体与？抑为采色不足视于目与？声音不足听于耳与？便嬖不足使令于前与？王之诸臣，皆足以供之，而王岂为是哉？”

曰：“否，吾不为是也。”

曰：“然则王之所大欲可知已。欲辟土地，朝秦楚，莅中国而抚四夷也。以若所为，求若所欲，犹缘木而求鱼也。”

王曰：“若是其甚与？”

曰：“殆有甚焉。缘木求鱼，虽不得鱼，无后灾。以若所为，求若所欲，尽心力而为之，后必有灾。”

曰：“可得闻与？”

曰：“邹人与楚人战，则王以为孰胜？”

曰：“楚人胜。”

曰："然则小固不可以敌大，寡固不可以敌众，弱固不可以敌强。海内之地，方千里者九，齐集有其一。以一服八，何以异于邹敌楚哉？盖[7]亦反其本矣。今王发政施仁，使天下仕者皆欲立于王之朝，耕者皆欲耕于王之野，商贾皆欲藏于王之市，行旅皆欲出于王之涂，天下之欲疾其君者，皆欲赴愬于王。其若是，孰能御之？"

王曰："吾惛，不能进于是矣。愿夫子辅吾志，明以教我。我虽不敏，请尝试之。"

曰："无恒产而有恒心[8]者，惟士为能。若民，则无恒产，因无恒心。苟无恒心，放辟邪侈，无不为已。及陷于罪，然后从而刑之，是罔[9]民也。焉有仁人在位，罔民而可为也？是故明君制民之产，必使仰足以事父母，俯足以畜妻子，乐岁终身饱，凶年免于死亡；然后驱而之善，故民之从之也轻。今也制民之产，仰不足以事父母，俯不足以畜妻子，乐岁终身苦，凶年不免于死亡。此惟救死而恐不赡，奚暇治礼义哉？王欲行之，则盍反其本矣。五亩之宅，树之以桑，五十者可以衣帛矣。鸡豚狗彘之畜，无失其时，七十者可以食肉矣。百亩之田，勿夺其时，八口之家可以无饥矣。谨庠序之教，申之以孝悌之义，颁白者不负戴于道路矣。老者衣帛食肉，黎民不饥不寒，然而不王者，未之有也。"

【注释】

①齐宣王：战国时齐国国王田辟疆，前320年至前301年在位。②齐桓、晋文：齐桓公，春秋时齐国国君姜小白，春秋时第一个霸主。晋文公，春秋时晋国国君姬重耳，春秋五霸之一。③衅钟：古代

一种祭祀仪式。新钟铸成后，杀牲取血，涂在钟的缝隙处。④ 觳觫(hú sù)：因恐惧而发抖的样子。⑤ 说：同“悦”。⑥ 刑于寡妻：刑，通“型”，示范。⑦ 盖(hé)：通“盍”，何不。⑧ 恒心：坚定的心志。⑨ 罔：通“网”，动词，张网罗以捕捉。

【译文】

齐宣王问道：“齐桓公、晋文公（称霸诸侯）的事情，可以讲给我听听吗？”

孟子答道：“孔子的门徒没有谈论过齐桓公、晋文公的事情，因此没有流传到后世，我也没有听说过。如果一定要我说，那就谈谈称王天下的道理吧！”

齐宣王问道：“要有怎样的德行才可以称王天下呢？”

孟子答道：“安抚百姓而称王天下，没有谁能阻挡。”

齐宣王问：“像我这样的国君能够做到安抚百姓吗？”

孟子说：“能。”

齐宣王问：“从哪里知道我能呢？”

孟子说：“我在胡龁那里听过这样一件事情：大王坐在大殿上，有个人牵着牛从堂下经过，大王见了，问：‘把牛牵到哪里去？’那人答道：‘要杀它祭钟。’大王说：‘放了它！我不忍心看它惊惧哆嗦的样子，像这么毫无罪过就被拉去杀掉，我实在不忍。’那人问：‘那么要废除祭钟的仪式吗？’大王说：‘怎么可以废除呢？用羊替代它。’不知道是否有这件事？”

齐宣王说：“有。”

孟子说：“凭这样的心意就足以称王天下！（用羊代牛祭钟）百姓都以为大王吝啬，我却知道大王是不忍心啊。”

齐宣王说：“是这样，确实有这样议论的百姓。齐国虽然狭小，我怎么会吝惜一头牛呢？就是因为不忍心看到它惊惧哆嗦的样子，毫无罪过就被拉去杀掉，所以才用羊去替代它的。”

孟子说：“大王不要责怪百姓以为您吝啬。用羊换下牛，他们哪能理解您的做法？（因为）大王如果可怜牲畜无辜被杀，那么牛和羊有什么区别呢？”

齐宣王笑着说：“这究竟是什么样的心思呢？我并非吝惜钱财而以羊换牛啊。这也难怪百姓要说我吝啬了。”

孟子说：“没有关系，这正是仁心的流露。因为王亲眼看见了那只牛，却没有看见那只羊。君子对于禽兽，看见它们活看，不忍心看到它们死去；听到它们悲鸣哀号，便不忍心再吃它们的肉。所以君子总是远离厨房。”

齐宣王高兴地说：“《诗经》中说：‘别人有心思，我能揣摩到。’说的就是您啊！我做了这件事，反过来推求为什么这么做，自己心里却也弄不明白。先生这番话，使我心里有点开窍了。这样的心理之所以符合王道，又是为什么呢？”

孟子说：“假如有个人向大王禀告说：‘我的力气足以举起三千斤的东西，却举不起一片羽毛；我的视力足以看清秋天野兽毫毛的尖端，却看不见一车子的柴火。’大王会相信这话吗？”

齐宣王说：“不相信。”

孟子接着说：“如今大王的恩惠足以施行到动物身上了，而功德却体现不到百姓身上，是什么原因呢？显然，一片羽毛举不起来，是因为不肯用力气；一车的柴火看不见，是因为不肯用目力；百姓不被安抚，是因为王不肯施恩德。所以大王未能做到称王天下，是不去做，而不是不能做。”

宣王问：“不去做和不能做，有什么不同？”

孟子说：“挟着泰山跳越北海，对人说：‘我做不到。’这是真的做不到。给年长的人弯腰行礼，对人说：‘我做不到。’这就是不愿意做，而不是做不到。所以，大王没有做到称王天下，不属于挟着泰山跳越北海一类；大王没有做到称王天下，这是属于为长者弯腰行礼一类。敬爱自己的长辈，进而也敬爱别人的长辈；爱护自己的孩子，进而也爱护别人的孩子。（一切政治措施都由这一原则出发，）要称王天下就像在手心里转动东西那么容易了。《诗经》中说：‘先给妻子做榜样，再给兄弟好影响，凭这治家和安邦。’是说要把这样的用心推广到各个方面罢了。所以，广施恩德就足以安抚天下，不施恩德，连妻子儿女也保不住。古代的贤明君主之所以远远超过一般人，没有别的原因，只是善于将他们所做的推广出去罢了。现在大王的恩德已施行到了动物身上，而功德却体现不到百姓身上，这是为什么呢？称一称，然后才知道轻重；量一量，然后才知道长短。万物都是这样，人心更是如此。大王请认真地考虑考虑吧！难道大王要兴师动众，使将士们身陷危险，同别的国家结下怨仇，然后心里才痛快吗？”

齐宣王说：“不，对此我有什么痛快的呢？我想借此来实现我最大的心愿。”

孟子问：“大王的最大心愿可以说给我听听吗？”

齐宣王笑而不答。

孟子问：“是因为肥美甘甜的食物不够吃吗？轻软温暖的衣服不够穿吗？艳丽的色彩不够观赏吗？美妙的音乐不够聆听吗？左右的

侍从不够使唤吗？这些，大王的臣下都能够供应，大王难道是为了这些吗？”

齐宣王说：“不，我不为这些。”

孟子说：“那么，大王的最大心愿可以知道了，您是想扩张疆土，使秦国、楚国来朝拜，君临中原，安抚四周的外族。（不过，）凭您的做法去追求您的心愿，就好比是爬上树去捉鱼一样。”

齐宣王说：“竟然这么严重吗？”

孟子说：“只怕比这还严重。上树捉鱼，虽然捉不到鱼，不会有后患。按您的做法去实现您的心愿，费尽心力去做了，到头来必定有灾祸。”

齐宣王问：“（道理）能说给我听听吗？”

孟子说：“邹国跟楚国打仗，大王认为谁会获胜？”

齐宣王说：“楚国胜。”

孟子说：“由此可见，小的原本敌不过大的，人少的原本敌不过人多的，势力弱的敌不过势力强的。天下千里见方的地方有九块，齐国的土地凑在一起，占有其中的一块。靠这一块地方去征服其他八块地方，这同邹国跟楚国打仗有什么两样呢？（大王）何不回到（行仁政）这根本上来呢？如果现在大王发布政令、施行仁政，使得天下做官的人都想到大王的朝廷里任职，农夫都想到大王的田野里耕作，商人都想到大王的市场上做买卖，旅客都想到大王的道路上来往，各国痛恨他们国君的人都想跑来向您诉说。果真做到这样，谁又能够阻挡呢？”

齐宣王说：“我头脑昏聩，不能领会这些道理。希望先生辅佐我实现大志，明白地教给我方法。我虽然迟钝，请让我试一试。”

孟子说："没有固定的产业，却有坚定的心志，只有士人能做到。至于百姓，没有固定的产业，随之就没有坚定的心志。如果没有坚定的心志，就会违法乱纪，什么事都做得出来。等到他们犯了罪，然后就用刑法处置他们，这就像是设下罗网来坑害百姓。哪有仁人做了君主可以做坑害百姓的事呢？所以贤明的君主规定百姓的产业，一定要使他们对上足够奉养父母，对下足够养活妻儿，好年成能终年吃饱，坏年成也能免于饿死。然后督促他们一心向善，百姓也就乐于听从了。而现在规定的百姓的产业，上不够奉养父母，下不够养活妻儿，好年成也还是一年到头受苦，坏年成还避免不了被饿死。这（就使百姓）连保命恐怕都不及，哪有空闲去讲求礼义呢？大王想行仁政，那么为何不返回到根本上来呢？五亩的宅地，（房前屋后）栽上桑树，这家五十岁的人就能穿上丝棉袄了。鸡、狗、猪等禽畜，不要错过它们的繁殖时机，这家七十岁的人就能吃上肉了。一百亩的田地，不要占夺农时，这样八口之家就可以不挨饿了。注重学校教育，宣讲孝悌的道理，上了年纪的人就不会肩扛着、头顶着东西赶路了。老年人穿上丝棉袄吃上肉，一般百姓不挨饿受冻，这样还不能称王，是从来没有的。"

梁惠王下

2.1　庄暴[①]见孟子，曰："暴见于王[②]，王语暴以好乐，暴未有以对也。"

曰："好乐何如？"

孟子曰："王之好乐甚，则齐国其庶几乎！"

他日，见于王曰："王尝语庄子以好乐，有诸？"

王变乎色，曰："寡人非能好先王之乐也，直好世俗之乐耳。"

曰："王之好乐甚，则齐其庶几乎！今之乐由古之乐也。"

曰："可得闻与？"

曰："独乐乐，与人乐乐，孰乐？"

曰："不若与人。"

曰："与少乐乐，与众乐乐，孰乐？"

曰："不若与众。"

"臣请为王言乐。今王鼓乐于此，百姓闻王钟鼓之声，管籥[③]之音，举疾首蹙頞[④]而相告曰：'吾王之好鼓乐，夫何使我至于此极也？父子不相见，兄弟妻子离散。'今王田猎于此，百姓闻王车马之音，见羽旄[⑤]之美，举疾首蹙頞而相告曰：'吾王之好田猎，夫何使我至于此极也？父子不相见，兄弟妻子离散。'此无他，不与民同乐也。今王鼓乐于此，百姓闻王钟鼓之声，管籥之音，举欣欣然有喜色而相告曰：'吾王庶几无

疾病与，何以能鼓乐也？’今王田猎于此，百姓闻王车马之音，见羽旄之美，举欣欣然有喜色而相告曰：‘吾王庶几无疾病与，何以能田猎也？’此无他，与民同乐也。今王与百姓同乐，则王矣。”

【注释】

①庄暴：齐国大臣。②王：指齐宣王。③管籥（yuè）：古管乐器名。籥，似笛而短小。④蹙頞（cù è）：形容愁眉苦脸的样子。⑤羽旄：鸟羽和旄牛尾，古人用作旗帜上的装饰，故可代指旗帜。

【译文】

庄暴见孟子，说：“我被大王召见，大王告诉我他喜好音乐，我不知道怎么回答。”

庄暴接着问道：“喜好音乐，究竟好不好啊？”

孟子说：“大王如果非常喜好音乐，那齐国大概就可以治理好了！”

几天后，孟子在觐见齐王时问道：“大王曾经和庄暴谈论过爱好音乐，有这回事吗？”

齐王脸色一变，说：“我并不是喜好先王清静典雅的音乐，只不过喜好当下世俗流行的音乐罢了。”

孟子说：“大王如果非常喜好音乐，那齐国大概就可以治理得很好了！在这件事上，现在的俗乐就如同是古代的雅乐。”

齐王说：“可以给我讲讲这道理吗？”

孟子说：“独自一人欣赏音乐的快乐，与他人一起欣赏音乐的快乐，哪个更快乐？”

齐王说：“不如与他人一起欣赏音乐更快乐。”

孟子说："与少数人一起欣赏音乐，与众人一起欣赏音乐，哪一个更快乐？"

宣王说："不如与众人一起欣赏音乐更快乐。"

孟子说："那就让我为大王讲讲音乐吧！假如大王在奏乐，百姓们听到大王鸣钟击鼓、吹箫奏笛的声音，都愁眉苦脸地相互议论：'我们大王爱好音乐，为什么要使我们这般穷困呢？父亲和儿子不能相见，兄弟和妻儿离散。'假如大王在围猎，百姓们听到大王车马的喧嚣，见到华丽的旗帜，都愁眉苦脸地相互议论说：'我们大王喜好围猎，为什么要使我们这般穷困呢？父亲和儿子不能相见，兄弟和妻儿离散。'这没有别的原因,是不能与民同乐的缘故。假如大王在奏乐，百姓们听到大王鸣钟击鼓、吹箫奏笛的声音,都眉开眼笑地相互议论：'我们大王大概没有疾病吧,要不怎么能奏乐呢？'假如大王在围猎，百姓们听到大王车马的喧嚣，见到华丽的旗帜，都眉开眼笑地相互议论：'我们大王大概没有疾病吧，要不怎么能围猎呢？'这没有别的原因，是与民同乐的缘故。假如大王能和百姓们同乐，那就可以成就王业，统一天下。"

2.2　齐宣王问曰："文王之囿①，方七十里，有诸？"

孟子对曰："于传有之。"

曰："若是其大乎？"

曰："民犹以为小也。"

曰："寡人之囿，方四十里，民犹以为大，何也？"

曰："文王之囿，方七十里，刍荛者往焉，雉兔者往焉，与民同之。民以为小，不亦宜乎？臣始至于境，问国之大禁，

然后敢入。臣闻郊关之内，有囿方四十里，杀其麋鹿者如杀人之罪，则是方四十里为阱于国中。民以为大，不亦宜乎？”

【注释】

①囿：古代畜养草木禽兽的园林。

【译文】

齐宣王问道：“听说文王的园林方圆七十里，真有这回事吗？”

孟子答道：“在文献上有这样的记载。”

齐宣王问：“竟有这么大吗？”

孟子说：“百姓还觉得小了呢。”

齐宣王说：“我的园林，方圆四十里，百姓还觉得大，这是为什么呢？”

孟子说：“文王的园林方圆七十里，割草砍柴的可以去，捕鸟猎兽的可以去，是与百姓共同享用的。百姓认为太小，不也是很自然的吗？我初到齐国边境时，问明了齐国重要的禁令，这才敢入境。我听说国都郊区之内有个园林方圆四十里，杀死其中的麋鹿，就如同犯了杀人罪，这就像是在国内设下了一个方圆四十里的陷阱。百姓认为太大了，不也是应该的吗？”

2.3　齐宣王问曰：“交邻国有道乎？”

孟子对曰：“有。惟仁者为能以大事小，是故汤事葛[①]，文王事昆夷[②]。惟智者为能以小事大，故太王[③]事獯鬻[④]，勾践事吴。以大事小者，乐天者也；以小事大者，畏天者也。乐天者保天下，畏天者保其国。《诗》云：‘畏天之威，于时

保之。'"

王曰："大哉言矣！寡人有疾，寡人好勇。"

对曰："王请无好小勇。夫抚剑疾视曰：'彼恶敢当我哉！'此匹夫之勇，敌一人者也。王请大之！《诗》云：'王赫斯怒，爰整其旅，以遏徂莒⑤，以笃周祜，以对于天下。'此文王之勇也。文王一怒而安天下之民。《书》曰：'天降下民，作之君，作之师。惟曰其助上帝宠之。四方有罪无罪惟我在，天下曷敢有越厥志？'一人⑥衡行于天下，武王耻之，此武王之勇也。而武王亦一怒而安天下之民。今王亦一怒而安天下之民，民惟恐王之不好勇也。"

【注释】

① 汤事葛：汤，即商朝的创建者成汤。葛，古国名，故城在今河南宁陵县北。② 昆夷：殷末周初西戎国名。③ 太（tài）王："太王"亦作"大王"，周文王的祖父古公亶父，周族首领。④ 獯鬻（xūn yù）：古代北方的一个少数民族，周称猃狁（xiǎn yǔn），秦汉时称匈奴。⑤ 莒：殷末国名，非前 431 年为楚所灭的莒国。⑥ 一人：指殷纣王。周武王起兵伐纣灭殷。

【译文】

齐宣王问道："和邻国交往有什么原则吗？"

孟子答道："有。只有有仁德的人才能够以大国的身份侍奉小国，所以商汤侍奉葛伯，周文王侍奉昆夷。只有有智慧的人才能够以小国的身份侍奉大国，所以周太王侍奉獯鬻，越王勾践侍奉吴王夫差。以大国身份侍奉小国的，是以天命为乐的人；以小国身份侍奉大国的，是敬畏天命的人。以天命为乐的人保有天下，敬畏天命的人保有自己的国家。《诗经》中说：‘敬畏上天的威严，因此保有国家。’”

齐宣王说：“讲得太好了！不过，我有个毛病，就是好勇。”

孟子说：“那就请大王不要好小勇。有的人动辄按剑瞪眼说：‘他怎么敢抵挡我呢？’这只是个人的勇，只能敌得住一个人。请大王扩大它！《诗经》中说：‘文王义愤激昂，发令调兵遣将，把侵略莒国的敌军阻挡，增添了周国的威望，不辜负天下百姓的期望。’这是周文王的勇。周文王一怒便使天下百姓都得到安定。《尚书》中说：‘上天降生了老百姓，又替他们设立了君王，设立了师长，这些君王和师长的唯一责任，就是帮助上天来爱护老百姓。所以，天下四方的有罪者和无罪者，都由我来负责，普天之下，何人敢超越他的本分？’所以，纣王在天下横行霸道，周武王便感到羞耻。这是周武王的勇。周武王也是一怒便使天下百姓都得到安定。如今大王如果也做到一怒便使天下百姓都得到安定，那么，老百姓就会唯恐大王不喜好勇了啊。”

2.4　齐宣王见孟子于雪宫①。王曰：“贤者亦有此乐乎？”

孟子对曰：“有。人不得，则非其上矣。不得而非其上者，非也；为民上而不与民同乐者，亦非也。乐民之乐者，民亦乐其乐；忧民之忧者，民亦忧其忧。乐以天下，忧以天下，然而不王者，未之有也。昔者齐景公问于晏子②曰：‘吾欲观于转附、朝儛③，遵海而南，放于琅邪④。吾何修而可以比于先王观也？’晏子对曰：‘善哉问也！天子适诸侯曰巡狩，巡狩者，巡所守也。诸侯朝于天子曰述职，述职者，述所职也。无非事者，春省耕而补不足，秋省敛而助不给。夏谚曰：“吾

王不游，吾何以休？吾王不豫，吾何以助？一游一豫，为诸侯度。”今也不然，师行而粮食，饥者弗食，劳者弗息。睊睊胥谗，民乃作慝[⑤]。方命虐民，饮食若流。流连荒亡，为诸侯忧。从流下而忘反谓之流，从流上而忘反谓之连，从兽无厌谓之荒，乐酒无厌谓之亡。先王无流连之乐，荒亡之行，惟君所行也。’景公悦，大戒于国，出舍于郊。于是始兴发，补不足。召大师曰：‘为我作君臣相说之乐！’盖《徵招》《角招》[⑥]是也。其诗曰：‘畜君何尤？’畜君者，好君也。”

【注释】

①雪宫：齐宣王的离宫。离宫，正宫外的宫室。②昔者齐景公问于晏子：齐景公，春秋时齐国君主姜杵臼，公元前 547 年至公元前 490 年在位。晏子，即齐国著名贤臣晏婴。③转附、朝儛：都是山名。④琅邪：山名，今在山东临沂，面临黄海。⑤慝（tè）：恶。⑥《徵（zhǐ）招》《角招》：古代乐曲名。

【译文】

齐宣王在离宫里接见孟子。宣王说：“贤人也有这样的快乐吗？”

孟子答道：“有。人们要是得不到这种快乐，就会埋怨他们的国君。得不到这种快乐就埋怨国君是不对的；可是作为老百姓的国君而不与民同乐也是不对的。国君以老百姓的快乐为快乐，老百姓也会以他的快乐为快乐；国君以老百姓的忧愁为忧愁，老百姓也会以国君的忧愁为忧愁。以天下人的快乐为快乐，以天下人的忧愁为忧愁，这样还不能够称王天下的，是从来不曾有过的事。过去齐景公问晏子说：‘我想巡游转附、朝儛两座山，然后沿着海岸向南行，一直到琅邪。我该怎样做才能够和古代圣贤君王的巡游相比呢？’晏子答道：

‘问得好啊！天子到诸侯国家去叫作巡狩。巡狩就是巡视各诸侯所守疆土的意思。诸侯去朝见天子叫述职。述职就是陈述自己所尽的职责。没有不和工作有关系的。春天里巡视耕种情况，对粮食不够吃的给予补助；秋天里巡视收获情况，对歉收的给予补助。夏朝的谚语说：“我王不出来游历，我怎么能得到休息？我王不出来巡视，我怎么能得到补助？一游历一巡视，足以作为诸侯的法度。”现在可不是这样了，国君一出游就兴师动众，筹集粮食。饥饿的人得不到粮食补助，劳苦的人得不到休息。大家侧目而视，怨声载道，百姓于是被迫作恶。这种巡游违背天意，祸害百姓，大吃大喝如同流水一样浪费。真是流连荒亡，连诸侯都为此而忧虑。什么叫作流连荒亡呢？从上游向下游的游乐而忘返叫作流，从下游向上游的游乐而忘返叫作连，打猎不知厌倦叫作荒，嗜酒不加节制叫作亡。古代圣贤君王既无流连的享乐，也无荒亡的行为。就看您怎么做了。’齐景公听了晏子的话非常高兴，先在都城内做了充分的准备，然后驻扎在郊外，打开仓库赈济贫困的人。又召集乐官说：‘给我创作一些君臣同乐的乐曲！’这就是《徵招》《角招》。诗中说：‘匡正君主的过失有什么不对呢？’匡正君主的过失，正是爱护君主。”

2.5　齐宣王问曰：“人皆谓我毁明堂①，毁诸？已乎？”

孟子对曰：“夫明堂者，王者之堂也。王欲行王政，则勿毁之矣。”

王曰：“王政可得闻与？”

对曰：“昔者文王之治岐②也，耕者九一，仕者世禄，关市讥而不征，泽梁无禁，罪人不孥。老而无妻曰鳏，老而无

夫曰寡，老而无子曰独，幼而无父曰孤。此四者，天下之穷民而无告者。文王发政施仁，必先斯四者。《诗》云：‘哿[3]矣富人，哀此茕独。’”

王曰：“善哉言乎！”

曰：“王如善之，则何为不行？”

王曰：“寡人有疾，寡人好货。”

对曰：“昔者公刘[4]好货，《诗》云：‘乃积乃仓，乃裹糇粮，于橐于囊[5]，思戢用光，弓矢斯张，干戈戚扬，爰方启行。’故居者有积仓，行者有裹囊也，然后可以爰方启行。王如好货，与百姓同之，于王何有？”

王曰：“寡人有疾，寡人好色。”

对曰：“昔者太王好色，爱厥妃。《诗》云：‘古公亶父，来朝走马，率西水浒，至于岐下。爰及姜女，聿来胥宇。’当是时也，内无怨女，外无旷夫。王如好色，与百姓同之，于王何有？”

【注释】

①明堂：周天子东巡时接受诸侯朝见的地方。②岐：地名，在今陕西省岐山县东北，相传周太王古公亶父在此地建邑，成为周族居住的地方。③哿（gě）：同“可”。④公刘：周族早期首领。⑤橐（tuó）、囊：盛东西的口袋。

【译文】

齐宣王问道：“别人都建议我拆毁明堂，究竟是拆毁好呢？还是不拆毁好呢？”

孟子答道：“明堂是施行王政的殿堂。大王如果想施行王政，就请不要拆毁它吧。”

齐宣王说：“可以把王政说给我听听吗？”

孟子答道：“从前周文王治理岐山的时候，对农民的税率是九分抽一，对于做官的人是给予世代承袭的俸禄，在关卡和市场上只稽查，不征税，任何人到湖泊捕鱼都不禁止，对罪犯的处罚不牵连妻子儿女。失去妻子的老年人叫作鳏夫，失去丈夫的老年人叫作寡妇，没有儿女的老年人叫作独，失去父亲的儿童叫作孤儿。这四种人是天下穷苦无靠的人。文王实行仁政，一定最先考虑到他们。《诗经》中说：‘有钱人是可以了，可怜那些无依无靠的人吧。’”

齐宣王说：“说得好啊！”

孟子说：“大王如果认为说得好，为什么不这样做呢？”

齐宣王说：“我有个毛病，我喜爱钱财。”

孟子说：“从前公刘也喜爱钱财。《诗经》中说：‘粮食积聚满囤仓，筹足干粮装橐囊。团结安定声威扬。箭上弦，弓开张，干戈斧钺都带上，于是启程奔前方。’因此，留守的人储满谷仓，出征的人备好干粮，然后才启程奔前方。王如果喜爱钱财，能跟百姓一同富有，那么称王天下有什么困难呢？”

齐宣王说：“我还有个毛病，我喜爱女色。”

孟子答道：“从前周太王也喜爱女色，非常爱他的妃子。《诗经》中说：‘周太王古公亶父，一大早驱驰快马。沿着西边的河岸，一直走到岐山下。带着妻子姜氏女，勘察地址建新居。’那时，没有找不到丈夫的怨女，也没有找不到妻子的旷夫。大王如果喜爱女色，也能使百姓有妻室，那么称王天下有什么困难呢？”

2.6　孟子谓齐宣王曰：“王之臣，有托其妻子于其友而之楚游者。比其反[①]也，则冻馁其妻子，则如之何？”

王曰：“弃之。”

曰：“士师[②]不能治士，则如之何？”

王曰：“已之。”

曰：“四境之内不治，则如之何？”

王顾左右而言他。

【注释】

①比其反：比，及，至，等到。反，同“返”。②士师：古代的司法官。

【译文】

孟子对齐宣王说：“大王您有一个臣子把妻子儿女托付给他的朋友照顾，去楚国出游。等他回来的时候，他的妻子儿女却在挨饿受冻。对待这样的朋友，应该怎么办呢？”

齐宣王说：“和他绝交。”

孟子说：“士师不能管理他的下属，那应该怎么办呢？”

齐宣王说：“撤他的职。”

孟子又说：“一个国家治理得不好，那又该怎么办呢？”

齐宣王环顾左右，把话题扯到别的事情上去了。

2.7　孟子见齐宣王曰：“所谓故国[①]者，非谓有乔木[②]之谓也，有世臣[③]之谓也。王无亲臣矣。昔者所进[④]，今日不知其亡[⑤]也。”

王曰：“吾何以识其不才而舍之？”

曰：“国君进贤，如不得已，将使卑逾尊，疏逾戚，可不慎与？左右皆曰贤，未可也；诸大夫皆曰贤，未可也；国人皆曰贤，然后察之；见贤焉，然后用之。左右皆曰不可，勿听；诸大夫皆曰不可，勿听；国人皆曰不可，然后察之；见不可焉，然后去之。左右皆曰可杀，勿听；诸大夫皆曰可杀，勿听；国人皆曰可杀，然后察之；见可杀焉，然后杀之。故曰，国人杀之也。如此，然后可以为民父母。”

【注释】

①故国：指历史悠久的国家。②乔木：高大的树木。③世臣：世代建立功勋的大臣。④进：进用。⑤亡：去位，去职。

【译文】

孟子拜见齐宣王，说：“所谓历史悠久的国家，并不是指那个国家有高大的树木，而是指有世代建立功勋的大臣。大王您现在却没有亲信的大臣了，过去所任用的一些人，现在想不到都罢免了。”

齐宣王说：“我应该怎样去识别那些缺乏才能的人而不用他呢？”

孟子答道：“国君选择贤才，在不得已的时候，甚至会把原本地位低的提拔到地位高的人之上，把原本关系疏远的提拔到关系亲近的人之上，能不慎重吗？因此，左右亲信都说某人好，不可轻信；众位大夫都说某人好，还是不可轻信；国人都说某人好，然后去考察他，发现他是真正的贤才，再任用他。左右亲信都说某人不好，不可轻信；众位大夫都说某人不好，还是不可轻信；国人都说某人不好，然后去考察他，发现他真不好，再罢免他。左右亲信都说某人该杀，不可轻信；众位大夫都说某人该杀，还是不可轻信；国人都说某人该杀，然后去考察他，发现他真该杀，再杀掉他。所以说，是国人杀的他。这样做，才可以做老百姓的父母官。”

2.8 齐宣王问曰：“汤放桀[①]，武王伐纣[②]，有诸？”

孟子对曰：“于传有之。”

曰：“臣弑其君，可乎？”

曰：“贼仁者谓之贼，贼义者谓之残。残贼之人谓之一夫。闻诛一夫纣矣，未闻弑君也。”

【注释】

① 汤放桀：桀，夏朝最后一个君主，暴虐无道。传说商汤灭夏后，把桀流放到南巢（据传在今安徽省巢湖市一带）。② 武王伐纣：纣，商朝最后一个君主，昏乱残暴。周武王起兵讨伐，灭掉商朝，纣自焚而死。

【译文】

齐宣王问道：“商汤流放夏桀，武王讨伐商纣，有这些事吗？”

孟子答道：“文献上有这样的记载。”

宣王问：“臣子杀他的君主，可以吗？”

孟子说：“破坏仁的人叫贼，破坏义的人叫残；既残又贼的人叫独夫。我只听说过周武王诛杀了独夫纣，没有听说他杀害国君。”

2.9 孟子见齐宣王，曰：“为巨室，则必使工师[①]求大木。工师得大木，则王喜，以为能胜其任也。匠人斫而小之，则王怒，以为不胜其任矣。夫人幼而学之，壮而欲行之，王曰：‘姑舍女所学而从我。’则何如？今有璞玉[②]于此，虽万镒[③]，必使玉人雕琢之。至于治国家，则曰：‘姑舍女所学而从我。’

则何以异于教玉人雕琢玉哉？”

【注释】

①工师：管理各种工匠的官员。②璞玉：未雕琢加工过的玉。③镒（yì）：古代重量单位，二十两为一镒。

【译文】

孟子拜见齐宣王，说：“建造大房子，就一定要叫工师去寻找大木料。工师找到了大木料，大王就高兴，认为他能够尽到他的责任。木匠砍削木料，把木料砍小了，大王就发怒，认为木匠是不称职的。一个人从小开始学一种本领，长大了想运用它，大王却说：‘暂且放弃你所学的本领来听我的。’这样行吗？假如现在有块璞玉在这里，虽然价值万金，也必定要叫玉人来雕琢加工。至于治理国家，却说：‘暂且放弃你所学的本领来听我的。’这与指导玉匠去雕琢玉石，又有什么不同呢？”

2.10　齐人伐燕，胜之。宣王问曰：“或谓寡人勿取，或谓寡人取之。以万乘之国伐万乘之国，五旬而举之，人力不至于此。不取必有天殃。取之何如？”

孟子对曰：“取之而燕民悦，则取之。古之人有行之者，武王是也。取之而燕民不悦，则勿取。古之人有行之者，文王是也①。以万乘之国伐万乘之国，箪食壶浆②以迎王师，岂有他哉？避水火也。如水益深，如火益热，亦运而已矣。”

【注释】

①文王是也：指周文王在三分天下有其二时，仍然服侍商纣王的事。②箪食壶浆：用箪装着食物，用壶装着酒浆。箪，古代盛饭

的圆形竹器。

【译文】

齐国人攻打燕国，大获全胜。齐宣王问道："有人劝我不要占领燕国，有人又劝我占领它。我觉得，以一个拥有万辆兵车的大国去攻打一个同样拥有万辆兵车的大国，只用了五十天就打下来了，光凭人力是做不到的。如果我们不占领它，一定会遭到天灾吧。占领它，怎么样？"

孟子答道："占领它而使燕国的老百姓高兴，那就占领它。古人有这样做的，周武王便是。占领它而使燕国的老百姓不高兴，那就不要占领它。古人有这样做的，周文王便是。以齐国这样一个拥有万辆兵车的大国去攻打燕国这样一个同样拥有万辆兵车的大国，燕国的老百姓却用竹筐盛了饭，用酒壶盛着酒浆来欢迎大王您的军队，难道有别的什么原因吗？不过是想摆脱他们那水深火热的日子罢了。如果他们的灾难更加深了，那只是统治者由燕转为齐罢了。"

2.11　齐人伐燕，取之。诸侯将谋救燕。宣王曰："诸侯多谋伐寡人者，何以待之？"

孟子对曰："臣闻七十里为政于天下者，汤是也。未闻以千里畏人者也。《书》曰：'汤一征，自葛始。'天下信之，东面而征，西夷怨；南面而征，北狄怨，曰：'奚为后我？'民望之，若大旱之望云霓也。归市者[1]不止，耕者不变，诛其君而吊[2]其民，若时雨降，民大悦。《书》曰：'徯[3]我后[4]，后来其苏[5]。'今燕虐其民，王往而征之，民以为将拯己于水火之中也，箪食壶浆以迎王师。若杀其父兄，系累[6]其子弟，

毁其宗庙，迁其重器⑦，如之何其可也？天下固畏齐之强也，今又倍地而不行仁政，是动天下之兵也。王速出令，反其旄倪⑧，止其重器，谋于燕众，置君而后去之，则犹可及止也。”

【注释】

①归市者：指做生意的人。②吊：安抚、慰问。③徯：等待。④后：王，君主。⑤苏：复活。⑥系累：束缚，捆绑。⑦重器：指贵重的祭器。⑧旄（mào）倪：旄，同“耄”，八九十岁的人叫作耄，这里通指老年人。倪，指小孩子。

【译文】

齐国人攻打燕国，占领了它。一些诸侯国在谋划着要救助燕国。齐宣王说：“不少诸侯在谋划着要来攻打我，该怎么办呢？”

孟子答道：“我听说过，有凭借着方圆七十里的国土就统一天下的，商汤就是。却没有听说过拥有方圆千里的国土而害怕别国的。《尚书》中说：‘商汤征伐，从葛国开始。’天下人都信任他。所以，当他向东方进军时，西边国家的老百姓便抱怨；当他向南方进军时，北边国家的老百姓便抱怨，都说：‘为什么把我们放到后面呢？’老百姓盼望他，就像久旱盼乌云和虹霓一样。（这是因为汤的征伐一点也不惊扰百姓。）做生意的照常做生意，种地的照常种地。只是诛杀那些暴虐的国君来抚慰那些受害的老百姓。就像天上下了及时雨一样，老百姓非常高兴。《尚书》中说：‘等待我们的王，他来了，我们也就复活了！’如今，燕国的国君虐待老百姓，大王您的军队去征讨他，燕国的老百姓以为您是要把他们从水深火热中拯救出来，所以用竹筐装着饭，用酒壶盛着酒浆来欢迎您的军队。可您却杀死他们的父兄，抓走他们的子弟，毁坏他们的宗庙，抢走他们宝物，这怎么能够使他们容忍呢？天下各国本来就害怕齐国强大，现在齐国的土地又扩大了一倍，而且还不施行仁政，这就必然会激起天下各国兴兵。大王您赶快发出命令，放回燕国老老小小的俘虏，停止搬运燕国的宝物，再和燕国人商量，为他们选立一位国君，然后从燕国撤回齐国的军队。这样还来得及阻止各国出兵。”

2.12　邹与鲁哄①。穆公②问曰："吾有司死者三十三人，而民莫之死③也。诛之则不可胜诛；不诛则疾④视其长上之死而不救，如之何则可也？"

孟子对曰："凶年饥岁，君之民，老弱转⑤乎沟壑，壮者散而之四方者，几⑥千人矣；而君之仓廪实，府库充，有司莫以告，是上慢而残下也。曾子⑦曰：'戒之戒之！出乎尔者，反乎尔者也。'夫民今而后得反之也。君无尤⑧焉！君行仁政，斯民亲其上，死其长矣。"

【注释】

①邹与鲁哄：邹国与鲁国交战。哄，争吵，冲突，交战。②穆公：即邹穆公。③莫之死：即“莫死之”的倒装，“之”指“有司”。意思是“没有人为他们而死”。④疾：憎恨。⑤转：弃尸的意思。⑥几：接近，差不多。⑦曾子：即孔子的学生曾参。⑧尤：责备、归罪。

【译文】

邹国与鲁国发生冲突。邹穆公对孟子说：“我的官吏死了三十三个，百姓却没有一个为他们而牺牲的。杀他们吧，杀不了那么多；不杀他们吧，又实在恨他们眼睁睁地看着长官被杀而不去营救，到底怎么办才好呢？”

孟子答道：“灾荒年岁，您的百姓，年老体弱的弃尸于山沟，年轻力壮的四处逃荒，差不多有上千人吧；而您的粮仓里堆满粮食，库房里装满财宝，官吏们却从来不向您报告老百姓的情况，这是对上怠慢国君，对下残害百姓。曾子说：‘小心啊，小心啊！你怎样对待别人，别人也会怎样对待你。’现在就是老百姓报复他们的时候了。您不要归罪于老百姓了！只要您施行仁政，老百姓自然就会亲近他们的长官，愿意为他们的长官而牺牲了。”

2.13　滕文公①问曰：“滕，小国也，间②于齐、楚。事齐乎？事楚乎？”

孟子对曰：“是谋，非吾所能及也。无已，则有一焉：凿斯池③也，筑斯城也，与民守之，效④死而民弗去，则是可为也。”

【注释】

①滕文公：滕国国君。滕国，古国名，在今山东省滕州市西南。②间：处。③池：护城河。④效：献，致。

【译文】

滕文公问道：“滕国是一个小国，处在齐国和楚国两个大国之间。是侍奉齐国好呢？还是侍奉楚国好呢？”

孟子答道：“到底侍奉哪个国家好我也说不清。如果您一定要我谈谈看法，那倒是有另一个办法：把护城河挖深，把城墙筑坚固，与老百姓一起坚守它，宁可献出生命，老百姓也不逃离，这样就可以有所作为了。”

2.14　滕文公问曰：“齐人将筑薛[①]，吾甚恐，如之何则可？”

孟子对曰：“昔者大王居邠[②]，狄[③]人侵之，去之岐山[④]之下居焉。非择而取之，不得已也。苟为善，后世子孙必有王者矣。君子创业垂统，为可继也。若夫成功，则天也。君如彼何哉？强[⑤]为善而已矣。”

【注释】

①薛：国名，在今山东省滕州市东南。②邠（bīn）：地名，在今陕西省旬邑县西。③狄：即獯鬻。④岐山：在今陕西省岐山县东北。⑤强：努力。

【译文】

滕文公问道：“齐国人准备加强薛地的城池，我很害怕，怎么办才好呢？”

孟子答道：“从前，太王居住在邠地，狄人侵犯那里，他便离开，迁到岐山下居住。不是愿意选择那里居住，迫不得已罢了。（一个君主）如果能施行仁政，后代子孙中必定会有称王于天下的。君子创立基业，传给后世，是为了可以继承下去。至于能否成功，那就由天决定了。你怎样对付齐国呢？只有努力推行善政罢了。”

2.15　滕文公问曰：“滕，小国也。竭力以事大国，则不得免焉，如之何则可？”

孟子对曰：“昔者大王居邠，狄人侵之。事之以皮币[①]，不得免焉；事之以犬马，不得免焉；事之以珠玉，不得免焉。

乃属其耆[②]老而告之曰：‘狄人之所欲者，吾土地也。吾闻之也：君子不以其所以养人者害人。二三子何患乎无君？我将去之。’去邠，逾梁山[③]，邑[④]于岐山之下居焉。邠人曰：‘仁人也，不可失也。’从之者如归市。或曰：‘世守也，非身之所能为也。效死勿去。’君请择于斯二者。”

【注释】

①皮币：动物毛皮和丝绸布帛。②耆：古称六十岁曰耆。即老年人之意。③梁山：在今陕西省乾县西北。④邑：动词，建筑城邑。

【译文】

滕文公问道：“滕国是个小国，竭力去侍奉大国，却不能免除威胁，怎么办才好呢？”

孟子答道：“从前，周太王居住在邠地，狄人侵犯那里。（周太王）拿皮裘丝绸送给狄人，不能免遭侵犯；拿犬马送给狄人，不能免遭侵犯；拿珠宝玉器送给狄人，还是不能免遭侵犯。于是召集邠地的父老，对他们说：‘狄人想要的是我们的土地。我听说过这样一句话：君子不拿用来养活人的东西害人。你们何必担心没有君主呢？我要离开这里了。’于是离开邠地，越过梁山，在岐山下建城邑定居下来。邠地的人说：‘这是一位有仁德的人，不能失去他啊。’跟随他的人如同赶集一样。也有人说：‘（土地）是必须世世代代守护的，不是能自作主张的，拼了命也不能舍弃它。’请您在这两种做法中选择吧。”

2.16　鲁平公[①]将出，嬖人臧仓者请曰：“他日君出，则必命有司所之。今乘舆已驾矣，有司未知所之。敢请。”

公曰：“将见孟子。”

曰：“何哉？君所为轻身以先于匹夫者？以为贤乎？礼义由贤者出，而孟子之后丧逾前丧。君无见焉！”

公曰：“诺。”

乐正子[②]入见，曰：“君奚为不见孟轲也？”

曰：“或告寡人曰：‘孟子之后丧逾前丧。’是以不往见也。”

曰：“何哉？君所谓逾者，前以士后以大夫，前以三鼎而后以五鼎与？”

曰：“否。谓棺椁衣衾[③]之美也。”

曰：“非所谓逾也，贫富不同也。”

乐正子见孟子，曰：“克告于君，君为来见也。嬖人有臧仓者沮君，君是以不果来也。”

曰：“行或使之，止或尼[④]之，行止非人所能也。吾之不遇鲁侯，天也。臧氏之子，焉能使予不遇哉？”

【注释】

① 鲁平公：战国时鲁国国君姬叔。② 乐正子：即乐正克，孟子弟子，当时在鲁国做官。③ 棺椁衣衾（qīn）：椁，外棺。衣衾，这里指死者入殓时所用的衣服被褥。④ 尼（nì）：阻止。

【译文】

鲁平公将要外出，他宠爱的近臣臧仓请示说：“往日君王外出，都要让执事官员知道。今天车马已经备好，执事官员还不知道您要去哪里，敢请君王示下。”

鲁平公说：“要去见孟子。”

臧仓说：“这是为什么？您为什么要降低身份去见一个读书人

呢？您以为他贤能吗？礼义是贤者所提倡的，而孟子后来为母亲操办的丧事超过先前为父亲操办的丧事。君王还是不要见他的好。”

鲁平公说：“好吧。”

乐正子入宫见鲁平公，说：“君王为什么不去见孟轲呢？”

鲁平公说：“有人告诉寡人说：‘孟子后来为母亲操办的丧事超过先前为父亲操办的丧事。’所以我不去见他。”

乐正子说：“这是为什么？君王所谓的超过，是前面用士的丧礼，后面以大夫的丧礼？还是前面用三鼎礼，后面用五鼎礼？”

鲁平公说：“不是，我所说的是指棺椁和寿衣的精美不同。”

乐正子说：“这不叫超过，这是前后家境贫富不同而已。”

后来乐正子见到孟子时说：“我告诉君王，君王本来要来见您的，但有一个他宠爱的近臣臧仓阻止了他，鲁君因此没有来。”

孟子说：“一个人要做一件事情，是有一种力量在支使他；就是不做，也是有一种力量在阻止他。做与不做，不是单凭人力就能够做到的。我不能和鲁侯相见，是由于天命。臧仓那个小子，他怎么能阻止住我和鲁侯相见呢？”

公孙丑上

3.1 公孙丑[1]问曰："夫子当路[2]于齐，管仲、晏子之功，可复许[3]乎？"

孟子曰："子诚齐人也，知管仲、晏子而已矣。或问乎曾西[4]曰：'吾子[5]与子路孰贤？'曾西蹴然[6]曰：'吾先子[7]之所畏也。'曰：'然则吾子与管仲孰贤？'曾西艴然[8]不悦，曰：'尔何曾[9]比予于管仲？管仲得君如彼其专也，行乎国政如彼其久也，功烈如彼其卑也，尔何曾比予于是？'"曰："管仲，曾西之所不为也，而子为[10]我愿之乎？"

曰："管仲以其君霸，晏子以其君显。管仲、晏子犹不足为与？"

曰："以齐王，由反手也。"

曰："若是，则弟子之惑滋甚。且以文王之德，百年[11]而后崩，犹未洽于天下；武王、周公[12]继之，然后大行。今言王若易然，则文王不足法与？"

曰："文王何可当也？由汤至于武丁，贤圣之君六七作[13]，天下归殷久矣，久则难变也。武丁朝诸侯，有天下，犹运之掌也。纣之去武丁未久也，其故家遗俗，流风善政，犹有存者。又有微子、微仲、王子比干、箕子、胶鬲，皆贤人也。相与[14]辅相[15]之，故久而后失之也。尺地莫非其有也，一民莫非其臣也，然而文王犹方百里起，是以难也。齐人有言曰：'虽有

智慧，不如乘势；虽有镃基[16]，不如待时。’今时则易然也：夏后、殷、周之盛，地未有过千里者也，而齐有其地矣；鸡鸣狗吠相闻，而达乎四境，而齐有其民矣。地不改辟矣，民不改聚矣，行仁政而王，莫之能御也。且王者之不作，未有疏于此时者也；民之憔悴于虐政，未有甚于此时者也。饥者易为食，渴者易为饮。孔子曰：‘德之流行，速于置邮[17]而传命。’当今之时，万乘之国行仁政，民之悦之，犹解倒悬也。故事半古之人，功必倍之，惟此时为然。”

【注释】

①公孙丑：孟子的学生，齐国人。②当路：当权，当政。③许：兴盛、复兴。④曾西：鲁国人，孔子学生曾参的儿子。⑤吾子：相当于“吾兄”“老兄”之类。⑥蹴（cù）然：不安的样子。⑦先子：指已逝世的长辈。这里指曾西的父亲曾参。⑧艴（fú）然：恼怒的样子。⑨曾：副词，竟然、居然。⑩为：同“谓”，认为。⑪百年：泛指寿命很长。⑫周公：鲁国的始祖。⑬作：量词，相当于现代口语“个”。⑭相与：双音副词，“共同”的意思。⑮辅相：双音动词，辅助。⑯镃基：农具，相当于今天的锄头之类。⑰置邮：置和邮都是名词，相当于后代的驿站。

【译文】

公孙丑问道：“先生如果在齐国当权，管仲、晏子的功业可以再度兴起吗？”

孟子说：“你可真是个齐国人啊，只知道管仲、晏子而已。曾经有人问曾西：‘您和子路相比，哪个更有才能？’曾西不安地说：‘子路可是我父亲所敬畏的人啊，我怎么能和他相比呢？’那人又问：‘那么您和管仲相比，哪个更有才能呢？’曾西马上不高兴地说：‘你怎么竟拿管仲来和我相比呢？管仲受到齐桓公的信任是那样专一，行使国家政权是那样长久，而功绩却是那样微不足道，你怎么竟拿他来和我相比呢？’”孟子接着说：“管仲是曾西都不愿意跟他相比的人，你以为我愿意跟他相比吗？”

公孙丑说：“管仲辅佐桓公称霸天下，晏子辅佐景公名扬诸侯。难道管仲、晏子还不值得效法吗？”

孟子说：“以齐国的实力而称王天下，易如反掌。”

公孙丑说：“您这样一说，我就更加疑惑不解了。以周文王那样的仁德，活了将近一百岁才去世，都没有能够统一天下；直到周武王、周公继承他的事业，然后才统一天下。现在您说称王天下易如反掌，那么，连周文王都不值得学习了吗？”

孟子说：“我们怎么可以比得上周文王呢？由商汤到武丁，贤明的君主有六七个，天下人归服殷朝已经很久了，久了就难以变动，武丁使诸侯来朝，统治天下就像在自己的手掌心里运转东西一样容易。纣王离武丁并不久远，武丁的勋臣世家、良好习俗、传统风尚、慈善政治都还有遗存，又有微子、微仲、王子比干、箕子、胶鬲等一批贤臣共同辅佐，所以过了很长时间才失去政权。当时没有一尺土地不属于纣王所有，没有一个百姓不属于纣王统治，在那种情况下，文王还只能从方圆百里的小地方兴起，所以是非常困难的。齐国人有句话说：‘虽然有智慧，不如趁形势；虽然有锄头，不如等农时。’现在的时势就很容易用王道统一天下：夏、商、周三代兴盛的时候，没有哪一国的国土有超过方圆千里的，而现在的齐国却超过了；鸡鸣狗叫的声音处处都听得见，一直到四方边境，这说明齐国人口众多。不需要新开辟国土，不需要再聚集百姓，如果施行仁政来称王天下，没有谁能够阻挡。何况，仁德的贤君没有出现，没有比现在隔得更久的；老百姓受暴政的压榨，没有比现在更严重的。饥饿的人吃什么都容易满足，口渴的人喝什么都容易接受。孔子说：'道德的流行，比驿站传递政令还要迅速。'现在这个时候，拥有一万辆兵车的大国施行仁政，老百姓感到高兴，就像倒悬着被解救下来一样。所以，取得事半功倍的效果，只有这个时候才做得到。"

3.2　公孙丑问曰："夫子加齐之卿相，得行道焉，虽由此霸王不异矣。如此则动心否乎？"

孟子曰："否，我四十不动心。"

曰："若是，则夫子过孟贲①远矣。"

曰："是不难，告子先我不动心。"

曰："不动心有道乎？"

曰："有。北宫黝②之养勇也：不肤桡，不目逃。思以一豪挫于人，若挞之于市朝。不受于褐宽博，亦不受于万乘之君。视刺万乘之君，若刺褐夫。无严诸侯，恶声至，必反之。孟施舍③之所养勇也，曰：'视不胜犹胜也；量敌而后进，虑胜而后会，是畏三军者也。舍岂能为必胜哉？能无惧而已矣。'孟施舍似曾子，北宫黝似子夏④。夫二子之勇，未知其孰贤，然而孟施舍守约也。昔者曾子谓子襄曰：'子好勇乎？吾尝闻大勇于夫子矣：自反而不缩，虽褐宽博，吾不惴焉；自反而缩，虽千万人，吾往矣。'孟施舍之守气，又不如曾子之守约也。"

曰："敢问夫子之不动心与告子之不动心，可得闻与？"

"告子曰：'不得于言，勿求于心；不得于心，勿求于气。'不得于心，勿求于气，可；不得于言，勿求于心，不可。夫志，气之帅也；气，体之充也。夫志至焉，气次焉。故曰：'持其志，无暴其气。'"

"既曰'志至焉，气次焉'，又曰'持其志，无暴其气'者，何也？"

曰："志壹则动气，气壹则动志也。今夫蹶者趋者，是气也，而反动其心。"

"敢问夫子恶乎长？"

曰："我知言，我善养吾浩然之气。"

"敢问何谓浩然之气？"

曰："难言也。其为气也，至大至刚，以直养而无害，则塞于天地之间。其为气也，配义与道；无是，馁也。是集义所生者，非义袭而取之也。行有不慊于心，则馁矣。我故曰，告子未尝知义，以其外之也。必有事焉而勿正，心勿忘，勿助长也。无若宋人然：宋人有闵其苗之不长而揠之者，芒芒然归，谓其人曰：'今日病矣！予助苗长矣！'其子趋而往视之，苗则槁矣。天下之不助苗长者寡矣。以为无益而舍之者，不耘苗者也；助之长者，揠苗者也。非徒无益，而又害之。"

"何谓知言？"

曰："诐辞知其所蔽，淫辞知其所陷，邪辞知其所离，遁辞知其所穷。生于其心，害于其政；发于其政，害于其事。圣人复起，必从吾言矣。"

"宰我、子贡善为说辞，冉牛、闵子、颜渊善言德行。孔子兼之，曰：‘我于辞命，则不能也。’然则夫子既圣矣乎？”

曰：“恶，是何言也！昔者子贡问于孔子曰：‘夫子圣矣乎？’孔子曰：‘圣则吾不能，我学不厌而教不倦也。’子贡曰：‘学不厌，智也；教不倦，仁也。仁且智，夫子既圣矣。’夫圣，孔子不居。是何言也？”

“昔者窃闻之：子夏、子游、子张皆有圣人之一体，冉牛、闵子、颜渊则具体而微。敢问所安？”

曰：“姑舍是。”

曰：“伯夷、伊尹⑤何如？”

曰：“不同道。非其君不事，非其民不使；治则进，乱则退，伯夷也。何⑥事非君，何使非民；治亦进，乱亦进，伊尹也。可以仕则仕，可以止则止，可以久则久，可以速则速，孔子也。皆古圣人也，吾未能有行焉。乃所愿，则学孔子也。”

“伯夷、伊尹于孔子，若是班乎？”

曰：“否。自有生民以来，未有孔子也。”

曰：“然则有同与？”

曰：“有。得百里之地而君之，皆能以朝诸侯，有天下。行一不义、杀一不辜而得天下，皆不为也。是则同。”

曰：“敢问其所以异。”

曰：“宰我、子贡、有若，智足以知圣人，污不至阿其所好。宰我曰：‘以予观于夫子，贤于尧、舜远矣。’子贡曰：‘见其礼而知其政，闻其乐而知其德，由百世之后，等百世之王，莫之能违也。自生民以来，未有夫子也。’有若曰：‘岂惟民哉？麒麟之于走兽，凤凰之于飞鸟，太山之于丘垤，河海之于行潦，

类也。圣人之于民，亦类也。出于其类，拔乎其萃。自生民以来，未有盛于孔子也。'"

【注释】

① 孟贲：古代著名勇士。② 北宫黝：姓北宫，名黝，齐国人。③ 孟施舍：姓孟，名施舍；一说姓孟施，名舍。④ 子夏：孔子弟子。下文提到的子襄、宰我、子贡、冉牛、闵子、颜渊、子路、子游、子张、有若都是孔子弟子。⑤ 伯夷、伊尹：伯夷，商末孤竹国君的长子。伊尹，商汤之相，曾辅汤灭夏。⑥ 何：通"可"。

【译文】

公孙丑问道："老师假如做了齐国的卿相，能够实现自己的主张，从此小则可以成霸业，大则可以成王业，也是不足奇怪的。如果遇到这种情况，您是不是会动心呢？"

孟子说："不，我从四十岁以后就不再动心了。"

公孙丑说："这么看来，老师比孟贲强多了。"

孟子说："这个不难，告子先于我不动心。"

公孙丑说："不动心有方法吗？"

孟子说："有。北宫黝这样培养勇气：肌肤被刺，都不退缩；眼睛被戳，都不逃避。他觉得受一点点小挫折，就好像在大庭广众之下挨了鞭打一样。既不能忍受普通百姓的侮辱，也不能忍受大国君主的侮辱。把刺杀大国的君主看成刺杀普通百姓一样。对各国的君主毫不畏惧，挨了骂一定回击。孟施舍的培养勇气又有所不同，他说：'我对待不能战胜的敌人，跟对待足以战胜的敌人一样。如果先估量敌人的力量这才前进，先考虑胜败这才交锋，这种人若碰到数量众多的军队一定会害怕。我怎能做到必胜呢？不过是能够无所畏惧罢了。’孟施舍的养勇像曾子，北宫黝的养勇像子夏。这两个人的勇气，我也不知道谁强谁弱，（但从培养方法而论，）孟施舍比较能抓住要领。从前曾子对子襄说：‘你喜欢勇敢吗？我曾经从孔夫子那里听到过关于大勇的理论：反躬自问，觉得自己无理，对方纵是普通百姓，我也不去恐吓他；反躬自问，觉得有理，对方纵是千军万马，我也勇往直前。’孟施舍的养勇只是保持一股无所畏惧的盛气，（曾子却以理的曲直为断，）孟施舍自然又不如曾子能够抓住要领。”

公孙丑说：“我大胆地问问您：老师的不动心和告子的不动心，可以讲给我听听吗？”

孟子说：“告子曾经讲过：‘语言上没有得到，不要求助于心；心没有得到，不要求助于气。’心没有得到，不要求助于气，这是可以的；语言上没有得到，不要求助于心，这是不可以的。志是气的统帅，气则充实于身体。志到了哪里，气也随之到了哪里。所以说：‘要把握住志，不要滥用气。’”

公孙丑说：“您既然说，‘志到了哪里，气也随之到了哪里’，又说‘把握住志，不要滥用气’，这是什么道理呢？”

孟子说：“志专一时能鼓动气，气专一时能扰动志。那些跌倒和奔跑的人，都是由于气反过来扰动了他们的心。”

公孙丑问道：“请问，老师擅长哪一方面？”

孟子说：“我善于分析别人的言辞，也善于培养我的浩然之气。”

公孙丑又问道：“请问什么叫作浩然之气呢？”

孟子说：“这就难以说得明白了。那种气，最伟大，最刚强。用正义去培养它，一点不加伤害，就会充满上下四方，无所不在。那种气，必须与义和道配合；缺乏它，就没有力量了。那一种气，是由正义的经常积累所产生的，不是偶然的正义行为所能取得的。只要做一件于心有愧的事，那种气就会萎缩了。所以我说，告子不懂得义，因为他把义看成心外之物。（我们必须把义看成心内之物，）一定要培养它，但不要有特定的目的；时时刻刻记着它，但是也不能违背规律帮助它生长。不要像宋国人那样：宋国有一个担心禾苗不生长而去把它拔高些的人，十分疲倦地回去，对家里人说：'今天累坏了！我帮助禾苗生长了！'他儿子赶快跑去一看，禾苗都枯槁了。其实天下不帮助禾苗生长的人是很少的。以为养气没有益处而放弃不做的，就是种庄稼不锄草的人；违背规律地去帮助它生长的，就是拔苗的人。这种助长行为，不但没有益处，反而会伤害它。"

公孙丑问："什么叫作善于分析别人的言辞呢？"

孟子答道："不全面的言辞知道它片面性之所在；过分的言辞知道它失实之所在；不合正道的言辞知道它与正道分歧之所在；躲闪的言辞知道它理屈之所在。这四种言辞，从思想中产生出来，必然会在政治上产生危害；如果把它体现于政治举措，就会危及具体事务。如果圣人出现，也一定会承认我的话是对的。"

公孙丑说："宰我、子贡善于讲话，冉牛、闵子、颜渊善于阐述道德。孔子则兼有两长，但是他还说：'我对于辞令，太不擅长。'（而您既善于分析别人的言辞，又善于养浩然之气，言语道德兼而有之，）那么，您已经是位圣人了吗？"

孟子说："唉！这是什么话！从前子贡问孔子说：'老师已经是圣人了吗？'孔子说：'圣人，我做不到；我不过学习不知厌倦，教人不嫌疲劳罢了。'子贡便说：'学习不知厌倦，这是智；教人不嫌疲劳，这是仁。既仁且智，老师已经是圣人了。'圣人，连孔子都不敢自居，

（你却加在我的头上）这是什么话呢？”

公孙丑说：“从前我曾听说过，子夏、子游、子张都各有孔子的一部分长处；冉牛、闵子、颜渊大体近于孔子，却不如他那样的博大精深。请问老师，您是哪一种人？”

孟子说：“暂且不谈这个。”

公孙丑又问：“伯夷和伊尹怎么样？”

孟子答道：“也不相同。不是他理想的君主，他不去服侍；不是他理想的百姓，他不去使唤；天下太平就出来做官，天下昏乱就退而隐居，伯夷是这样的。任何君主都可以去服侍，任何百姓都可以去使唤；太平也做官，不太平也做官，伊尹是这样的。应该做官就做官，应该辞官就辞官，应该继续就继续，应该马上走就马上走，孔子是这样的。他们都是古代的圣人，（可惜）我都没有做到。至于我所希望的，是学习孔子。”

公孙丑问：“伯夷、伊尹与孔子他们不是一样的吗？”

孟子答道：“不。从有人类以来没有能比得上孔子的。”

公孙丑又问：“那么，在这三位圣人中，有相同的地方吗？”

孟子答道：“有。如果得到纵横各一百里的土地，而以他们为君王，他们都能够使诸侯来朝觐，统一天下。如果叫他们做一件不合道理的事，杀一个没有犯罪的人，因而得到天下，他们都不会做的。这就是他们相同的地方。”

公孙丑说：“请问，他们不同的地方又在哪里呢？”

孟子说：“宰我、子贡、有若三人，他们的聪明足以使其了解圣人，（即使）他们不好，也不致偏袒他们所爱好的人。（我们看他们如何称赞孔子吧。）宰我说：‘以我来看老师比尧舜都强多了。’子贡说：'看见一国的礼制，就了解它的政治；听到一国的音乐，就知道它的德教。即使从百代以后去评价百代以来的君王，任何一个君王都不能背离孔子之道。从有人类以来，没有能比得上他老人家的。'有若说：'难道仅仅人类有高下的不同吗？麒麟对于走兽，凤凰对于飞鸟，泰山对于土堆，河海对于小溪，何尝不是同类，圣人对于百姓，也是同类，但远远超出了他那一类，大大高出了他那一群。从有人类以来没有比孔子还要伟大的。'"

3.3　孟子曰："以力假①仁者霸，霸必有大国；以德行仁者王，王不待②大，汤以七十里，文王以百里。以力服人者，非心服也，力不赡③也；以德服人者，中心悦而诚服也，如七十子之服孔子也。《诗》云：'自西自东，自南自北，无思不服。'此之谓也。"

【注释】

①假：借，凭借。②待：等待，引申为依靠。③赡：充足。

【译文】

孟子说："用武力而假借仁义的人可以称霸，所以称霸必须是大国；用道德而实行仁义的人可以称王，称王不一定是大国，商汤只有方圆七十里的地方，周文王只有方圆百里的地方。用武力征服别人的，别人并不是真心服从他，只不过是力量不够罢了；用道德使人归服的，是心悦诚服，就像七十个弟子归服孔子那样。《诗经》中说：'从西从东，从南从北，无不心悦诚服。'正是说的这种情况。"

3.4　孟子曰："仁则荣，不仁则辱。今恶辱而居不仁，

是犹恶湿而居下也。如恶之，莫如贵德而尊士，贤者在位，能者在职，国家闲暇①，及是时，明其政刑。虽大国，必畏之矣。《诗》云：'迨②天之未阴雨，彻彼桑土③，绸缪牖户④。今此下民，或敢侮予？'孔子曰：'为此诗者，其知道乎！能治其国家，谁敢侮之？'今国家闲暇，及是时，般乐怠敖⑤，是自求祸也。祸福无不自己求之者。《诗》云：'永言配命，自求多福。'《太甲》曰：'天作孽，犹可违；自作孽，不可活。'此之谓也。"

【注释】

① 闲暇：指国家安定无内忧外患。② 迨：趁着。③ 彻彼桑土(dù)：彻，剥取。桑土，桑树根。④ 绸缪(móu)牖(yǒu)户：绸缪，缠结。牖，窗子。户，门。⑤ 般(pán)乐怠敖：般乐，大肆作乐。怠敖，怠慢，骄傲。

【译文】

孟子说："仁就荣耀，不仁就耻辱。现在的人既厌恶耻辱却又居于不仁的境地，这就好像既厌恶潮湿却又居于低洼的地方一样。假如真的厌恶耻辱，那最好是以仁德为贵，尊敬读书人，使有贤德的人处于一定的官位，有才能的人担任一定的职务，并且趁国家无内忧外患的时候修明政治法律制度。这样做了即使是大国也会畏惧你。《诗经》中说：'趁着天晴没阴雨，剥些桑树根上皮，补好窗子和门户。现在你们下面人，有谁还敢欺侮我？'孔子说：'写这首诗的人很懂得道理！能够治理好自己的国家，谁还敢欺侮他呢？'如今国家没有内忧外患，却趁着这个时候享乐腐化，这是自己寻求祸患。祸患和幸福都没有不是自己找来的。《诗经》中说：'永远想着配合天命，自己寻求更多的幸福。'《尚书·太甲》中说：'上天降下的灾害还可以逃避；自己造成的罪孽可就无处可逃。'说的就是这个意思。"

3.5　孟子曰："尊贤使能，俊杰在位，则天下之士皆悦，而愿立于其朝矣；市廛[1]而不征，法而不廛[2]，则天下之商皆悦，而愿藏于其市矣；关讥而不征[3]，则天下之旅皆悦，而愿出于其路矣；耕者助而不税[4]，则天下之农皆悦，而愿耕于其野矣；廛[5]无夫里之布[6]，则天下之民皆悦，而愿为之氓[7]矣。信能行此五者，则邻国之民，仰之若父母矣。率其子弟，攻其父母，自有生民以来，未有能济者也。如此，则无敌于天下。无敌于天下者，天吏[8]也。然而不王者，未之有也。"

【注释】

①廛（chán）：市中储藏或堆积货物的货栈，在这里用作动词，指对宅舍征税。②法而不廛：指官方依据法规收购长期积压于货栈的货物，以保证商人的利益。③讥而不征：只稽查不征税。讥，查问。④助而不税：指"耕者九一"的井田制，只帮助种公田而不再收税。⑤廛：这里指民居。⑥夫里之布：古代的一种税收名称，即"夫布""里布"，大致相当于后世的土地税、劳役税。⑦氓：指从别处移居来的移民。⑧天吏：顺从上天旨意的执政者。

【译文】

孟子说："尊重贤才，使用能人，杰出的人物都有职位，那么天下的士人都乐于在这样的朝廷担任一官半职了；在市场上提供储货的地方却不征税，把滞销的货物依法收购不使积压，那么天下的商人都乐于在这样的市场做生意了；关卡只稽查而不征税，那么天下的旅客都乐于在这样的路上旅行了；种庄稼只按井田制助耕公田而不再征税，那么，天下的农民都乐于在这样的土地上耕种了；居住的地方没有额外的土地税和劳役税，那么天下的百姓都乐于成为这里的居民了。真正能够做到这五点，就连邻国的百姓都会把他当父母一样仰慕。如果有谁想率领这些百姓来攻打他，就好比率领儿女去攻打父母，自有人类以来就没有成功过的。这样，他就天下无敌了。天下无敌的人就是'天吏'。做到了这个程度还不能够称王天下的，是从来没有过的。”

3.6　孟子曰：“人皆有不忍人之心①。先王有不忍人之心，斯有不忍人之政矣。以不忍人之心，行不忍人之政，治天下可运之掌上。所以谓人皆有不忍人之心者，今人乍②见孺子将入于井，皆有怵惕恻隐③之心，非所以内交④于孺子之父母也，非所以要誉⑤于乡党朋友也，非恶其声而然也。由是观之，无恻隐之心，非人也；无羞恶之心，非人也；无辞让之心，非人也；无是非之心，非人也。恻隐之心，仁之端⑥也；羞恶之心，义之端也；辞让之心，礼之端也；是非之心，智之端也。人之有是四端也，犹其有四体也。有是四端而自谓不能者，自贼者也；谓其君不能者，贼其君者也。凡有四端于我者，知皆扩而充之矣，若火之始然⑦，泉之始达。苟能充之，足以保⑧四海；苟不充之，不足以事父母。”

【注释】

①不忍人之心：怜悯心，同情心。②乍：突然、忽然。③怵惕恻隐：怵惕，惊惧。恻隐，哀痛，同情。④内（nà）交：即结交。内，

同“纳”。⑤要（yāo）誉：博取名誉。⑥端：发端，起源，源头。⑦然：同“燃”。⑧保：定，安定。

【译文】

孟子说：“每个人都有不忍别人遭受痛苦的心。先王有不忍别人遭受痛苦的心，所以才有不忍别人遭受痛苦的政治。用不忍别人遭受痛苦的心，施行不忍别人遭受痛苦的政治，治理天下就可以像在手掌心里面转动东西一样容易了。之所以说每个人都有不忍别人遭受痛苦的心，是因为如果今天有人突然看见一个小孩要掉进井里面去了，必然会产生惊恐恻隐的心，这不是因为想要去和这孩子的父母攀交情，不是因为想要在乡邻朋友中博取声誉，也不是因为厌恶这孩子的哭叫声。由此看来，没有同情心，不能算是人；没有羞耻心，不能算是人；没有谦让心，不能算是人；没有是非心，不能算是人。恻隐之心是仁的发端；羞恶之心是义的发端；谦让之心是礼的发端；是非之心是智的发端。人有这四种发端，就像有四肢一样。有了这四种发端却自认为不行的，是自暴自弃的人；认为他的君主不行的，是残害国君的人。凡是有这四种发端的人，知道扩充他们，就像火刚刚开始燃烧，泉水刚刚开始流淌。如果能够扩充它们，就可以保有天下；如果不能够扩充他们，就连侍奉父母也做不到。”

3.7　孟子曰：“矢人①岂不仁于函人②哉？矢人唯恐不伤人，函人唯恐伤人。巫匠③亦然。故术④不可不慎也。孔子曰：‘里仁为美，择不处仁，焉得智？’夫仁，天之尊爵也，人之安宅也。莫之御⑤而不仁，是不智也。不仁不智，无礼无义，人役也。人役而耻为役，由弓人而耻为弓，矢人而耻

为矢也。如耻之，莫如为仁。仁者如射：射者正己而后发，发而不中，不怨胜己者，反求诸己而已矣。”

【注释】

① 矢人：造箭的人。② 函人：造铠甲的人。③ 巫匠：巫，巫医。匠，匠人，这里特指做棺材的木匠。④ 术：这里指选择谋生之术，也就是选择职业。⑤ 御：阻挡。

【译文】

孟子说：“造箭的人难道比造铠甲的人不仁吗？造箭的人唯恐自己造的箭不能够伤害人，造铠甲的人却唯恐箭伤害了人。巫医和棺材匠之间也是这样。所以，一个人选择谋生职业不可以不谨慎。孔子说：‘与仁为邻是美好的。选择住处而不与仁共处，怎么能说是明智呢？’仁，是上天尊贵的爵位，人间最安逸的住宅。没有人阻挡却不追求仁，是不明智的。不仁不智、无礼无义的人，只配被别人驱使。被别人驱使而引以为耻，就像做了造弓的人却又以造弓为耻，做了造箭的人却又以造箭为耻一样。如果真正引以为耻，那就不如好好行仁。有仁德的人就像射手：射手先端正自己的姿势然后才放箭；如果没有射中，不怪比自己射得好的人，而是反过来找自己的原因。”

3.8　孟子曰：“子路，人告之以有过，则喜。禹闻善言，则拜。大舜有[①]大焉，善与人同[②]，舍己从人，乐取于人以为善。自耕稼、陶、渔以至为帝，无非取于人者。取诸人以为善，是与[③]人为善者也。故君子莫大乎与人为善。”

【注释】

① 有：同“又”。② 善与人同：与人共同做善事。③ 与：偕同。

【译文】

孟子说："子路，别人指出他的过错，他就很高兴。大禹听到有教益的话，就拜谢。伟大的舜帝又更了不起，总是与别人共同做善事，舍弃自己的缺点，乐于学习别人的优点。从他种地、做陶器、捕鱼一直到做帝王，没有哪一项优点不是从别人那里吸取来的。吸取别人的优点来行善，也就是与别人一起来行善。君子，最重要的就是要与别人一起来行善。"

3.9　孟子曰："伯夷非其君不事，非其友不友。不立于恶人之朝，不与恶人言。立于恶人之朝，与恶人言，如以朝衣朝冠坐于涂炭。推恶恶之心，思与乡人立，其冠不正，望望然去之，若将浼[①]焉。是故诸侯虽有善其辞命而至者，不受也。不受也者，是亦不屑就已。柳下惠[②]不羞污君，不卑小官；进不隐贤，必以其道；遗佚而不怨，厄穷而不悯。故曰：'尔为尔，我为我，虽袒裼裸裎[③]于我侧，尔焉能浼我哉？'故由由然与之偕而不自失焉，援而止之而止。援而止之而止者，是亦不屑去已。"孟子曰："伯夷隘，柳下惠不恭。隘与不恭，君子不由也。"

【注释】

①浼（měi）：玷污。②柳下惠：春秋时鲁国大夫，姓展，名获，字禽；因封邑在柳下（地名），谥号"惠"，故称为柳下惠。③袒裼（xī）裸裎（chéng）：袒裼，肉体袒露。裸裎，露身。

【译文】

孟子说："伯夷，不是他理想的君主就不去侍奉，不是他中意的朋友就不去结交。不在恶人的朝廷里做官，不与恶人交谈。在恶人的朝廷里做官，与恶人交谈，就觉得像是穿戴着上朝的衣帽坐在泥土炭灰上一样。把这种厌恶坏人的心推广开去，他就会想，如果同一个同乡的人站在一起，那人帽子戴得不正，就该生气地离开他，就像会被他玷污似的。因此，诸侯即使好言好语来请他，他也不接受。不接受，就是不屑于接近他们。柳下惠不认为侍奉坏君主是羞耻的事，也不因为官职小而瞧不上；到朝廷做官，不掩藏自己的贤能，必定按自己的原则行事；被国君遗弃而不怨恨，处境穷困而不忧伤。所以他说：‘你是你，我是我，即使你赤身裸体地在我身旁，你又哪能玷污我呢？’所以他能高高兴兴地同这样的人处在一起而不失去自己的风度，别人挽留他，他就留下。挽留他，他就留下，这也就是不屑于离开罢了。”孟子又说：“伯夷狭隘，柳下惠不严肃。狭隘与不严肃，君子是所不为的。”

公孙丑下

4.1 孟子曰："天时不如地利，地利不如人和。三里之城，七里之郭[①]，环而攻之而不胜。夫环而攻之，必有得天时者矣；然而不胜者，是天时不如地利也。城非不高也，池[②]非不深也，兵革[③]非不坚利也，米粟非不多也；委[④]而去之，是地利不如人和也。故曰：域民[⑤]不以封疆之界，固国不以山溪之险，威天下不以兵革之利。得道者多助，失道者寡助。寡助之至，亲戚畔[⑥]之；多助之至，天下顺之。以天下之所顺，攻亲戚之所畔，故君子有不战，战必胜矣。"

【注释】

①三里之城，七里之郭：内城叫"城"，外城叫"郭"。②池：护城河。③兵革：兵，武器，指戈矛刀箭等攻击性武器。革，皮革，指甲胄。④委：弃。⑤域民：限制人民。域，界限。⑥畔：同"叛"。

【译文】

孟子说："天时不如地利，地利不如人和。方圆三里的内城，方圆七里的外城，四面围攻却不能取胜。四面围攻，一定有合乎天时的时候，但还是不能攻破，这说明天时不如地利。城墙不是不高，护城河不是不深，兵器和甲胄不是不坚利，粮草也不是不充足，但还是弃城而逃，这就说明地利不如人和。所以说：老百姓不是靠封锁边境线就可以限制住的，国家不是靠山川险阻就可以保住的，扬威天下也不是靠锐利的兵器就可以做到的。拥有道义的人得到的帮助就多，失去道义的人得到的帮助就少。帮助的人少到极点时，连亲戚也会叛离；帮助的人多到极点时，全天下的人都会顺从。以全天下人都顺从的力量去攻打连亲戚都会叛离的人，必然是不战则已，战必定会取胜。”

4.2　孟子将朝王，王使人来曰：“寡人如就见者也，有寒疾，不可以风。朝[①]，将视朝，不识可使寡人得见乎？”

对曰：“不幸而有疾，不能造朝。”

明日，出吊于东郭氏[②]。公孙丑曰：“昔者辞以病，今日吊，或者不可乎？”

曰：“昔者疾，今日愈，如之何不吊？”

王使人问疾，医来。孟仲子对曰：“昔者有王命，有采薪之忧，不能造朝。今病小愈，趋造于朝，我不识能至否乎？”

使数人要于路，曰：“请必无归，而造于朝！”

不得已，而之景丑氏[③]宿焉。景子曰：“内则父子，外则君臣，人之大伦也。父子主恩，君臣主敬。丑见王之敬子也，未见所以敬王也。”

曰：“恶！是何言也！齐人无以仁义与王言者，岂以仁义为不美也？其心曰‘是何足与言仁义也’云尔，则不敬莫大乎是。我非尧舜之道，不敢以陈于王前，故齐人莫如我敬王也。”

景子曰：“否，非此之谓也。《礼》曰：‘父召无诺，君命召不俟驾。’固将朝也，闻王命而遂不果，宜与夫礼若不相似然。”

曰：“岂谓是与？曾子曰：‘晋楚之富，不可及也。彼以其富，我以吾仁；彼以其爵，我以吾义，吾何慊乎哉？’夫岂不义而曾子言之？是或一道也。天下有达尊三：爵一，齿一，德一。朝廷莫如爵，乡党莫如齿，辅世长民莫如德。恶得有其一，以慢其二哉？故将大有为之君，必有所不召之臣，欲有谋焉则就之。其尊德乐道，不如是，不足与有为也。故汤之于伊尹，学焉而后臣之，故不劳而王；桓公之于管仲，学焉而后臣之，故不劳而霸。今天下地丑④德齐，莫能相尚，无他，好臣其所教，而不好臣其所受教。汤之于伊尹，桓公之于管仲，则不敢召。管仲且犹不可召，而况不为管仲者乎？”

【注释】

① 朝：早晨。② 东郭氏：齐国的一个姓东郭的大夫。③ 景丑氏：齐国大夫景丑。④ 丑：类似。

【译文】

孟子准备去朝见齐王，恰齐王派人来说：“我本应该去看你，但是感冒了，不能吹风。明早我将上朝处理政务，不知你能否来朝廷上，让我见到你？”

孟子答道：“不幸得很，我也有病，不能上朝廷去。”

第二天，孟子要到东郭大夫家里去吊丧。公孙丑说：“昨天您托辞生病谢绝了齐王的召见，今天却又去东郭大夫家里吊丧，这或许不太好吧？”

孟子说：“昨天生病，今天好了，为什么不可以去吊丧呢？”

齐王派人来询问病情，并且带来了医生。孟仲子应付说：“昨天大王派人来时，他正生着病，不能上朝廷去。今天病刚好了一点，已经上朝廷去了，不知道现在到了没有？”

孟仲子又立即派人到路上去拦孟子，转告孟子说：“请您无论如何不要回家，赶快到朝廷去！”

孟子不得已而到景丑的家里去借宿。景丑说：“在家有父子，在外有君臣，这是人与人之间最重要的伦理关系。父子之间以恩情为主，君臣之间以尊敬为主。我只看见齐王尊敬您，却没看见您尊敬齐王。”

孟子说：“哎！这是什么话！在齐国人中，没有一个与齐王谈论仁义的，难道是他们觉得仁义不好吗？（不是。）他们心里想的是：这样的王哪里配和他谈论仁义呢？这才是他们对齐王最大的不恭敬。至于我，不是尧舜之道就不敢拿来向齐王陈述，所以，齐国人没有谁比我更尊敬齐王了。”

景丑说：“不，我不是说的这个。《礼经》中说：‘父亲召唤，不等到回答就起身；君王召唤，不等到车马备好就起身。’可您呢，本来就准备朝见齐王，听到齐王的召见却反而不去了，这恐怕不符合礼吧。”

孟子说：“原来你说的是这个。曾子说过：‘晋国和楚国的财富，没有人赶得上。不过，他有他的财富，我有我的仁；他有他的爵位，我有我的义，我有什么不如他的呢？’曾子说这些话难道没有道理吗？应该是有一定道理的。天下有三样最尊贵的东西：爵位，年龄，德行。在朝廷上最尊贵的是爵位；在乡里最尊贵的是年龄；至于辅助君王治理百姓，最尊贵的是德行。怎么能够凭爵位就来怠慢年龄和德行呢？所以，大有作为的君主一定有他不能召唤的大臣，如果他有什么事情需要出谋划策，就亲自去拜访他们。这就叫尊重德行和喜爱仁道，不这样，就不能够做到大有作为。因此，商汤对于伊尹，先向伊尹学习，然后才以他为臣，于是不费力气就统一了天下；桓公对于管仲，也是先向他学习，然后才以他为臣，于是不费力气就称霸于诸侯。现在，天下各国的土地都差不多，君主的德行也都不相上下，相互之间谁也不能高出一筹，没有别的原因，就是因为君王们只喜欢用听他们话的人为臣，而不喜欢用能够教导他们的人为臣。商汤对于伊尹，桓公对于管仲就不敢召唤。管仲尚且不可以被召唤，更何况不屑于做管仲的人呢？”

4.3 陈臻[①]问曰：“前日于齐，王馈兼金[②]一百[③]而不受；于宋，馈七十镒而受；于薛[④]，馈五十镒而受。前日之不受是，则今日之受非也；今日之受是，则前日之不受非也。夫子必居一于此矣。”

孟子曰：“皆是也。当在宋也，予将有远行，行者必以赆[⑤]，辞曰：‘馈赆。’予何为不受？当在薛也，予有戒心[⑥]，辞曰：‘闻戒，故为兵馈之。’予何为不受？若于齐，则未有处[⑦]也。无处而馈之，是货[⑧]之也。焉有君子而可以货取乎？”

【注释】

①陈臻：孟子的学生。②兼金：好金。因其价格双倍于普通金，所以称为“兼金”。③一百：即一百镒。镒为古代重量单位，一镒为二十两。④薛：春秋时有薛国，但在孟子的时代已被齐国所灭，所以，这里的薛是指齐国靖郭君田婴的封地，在今山东省滕州市东南。⑤赆（jìn）：给远行的人送路费或礼物。⑥戒心：戒备意外发生。⑦未有处：没有出处，引申为没有理由。⑧货：动词，收买，贿赂。

【译文】

陈臻问道：“以前在齐国的时候，齐王送给您好金一百镒，您不接受；到宋国的时候，宋王送给您七十镒，您却接受了；在薛地，薛君送给您五十镒，您也接受了。如果以前的不接受是正确的，那后来的接受便是错误的；如果后来的接受是正确的，那以前的不接受便是错误的。老师您总有一次做错了吧。”

孟子说：“都是正确的。在宋国的时候，我准备远行，对远行的人理应送些盘缠，所以宋王说：‘送上一些盘缠。’我怎么不接受呢？当在薛地的时候，我听说路上有危险，需要戒备，薛君说：‘听说您需要戒备，所以送上一点买兵器的钱。’我怎么能不接受呢？至于在齐国，则没有任何理由。没有理由却要送给我一些钱，这等于是用钱来收买我。哪里有君子可以拿钱收买的呢？”

4.4　孟子之平陆①，谓其大夫②曰：“子之持戟之士，一日而三失伍，则去之否乎？”

曰：“不待三。”

“然则子之失伍也亦多矣。凶年饥岁，子之民，老羸转于沟壑，壮者散而之四方者，几千人矣。”

曰：“此非距心之所得为也。”

曰：“今有受人之牛羊而为之牧之者，则必为之求牧与刍矣。求牧与刍而不得，则反诸其人乎，抑亦立而视其死与？”

曰：“此则距心之罪也。”

他日，见于王曰：“王之为都者，臣知五人焉。知其罪者，惟孔距心。”为王诵③之。

王曰：“此则寡人之罪也。”

【注释】

①平陆：齐国边境的邑，在今山东省汶上县北。②大夫：这

里指地方上的行政长官。③ 诵：复述。

【译文】

孟子到了平陆，对当地的长官孔距心说："如果你手下的士兵，一天三次失职，你开除他吗？"

孔距心答道："不必等待三次，我就开除他了。"

孟子说："那么，你失职的地方也很多啊。灾荒年成，你的百姓，年老体弱抛尸于山沟中的，年轻力壮逃亡于四方的，已将近千人了。"

孔距心说："这个事情不是我的力量所能做到的。"

孟子说："譬如现在有一个人，接受别人的牛羊来替他牧放，一定要替牛羊寻找牧场和草料。如果牧场和草料都找不到，是把它们退还原主呢？还是就站在那里看着它们一个个死去呢？"

孔距心答道："这个就是我的罪过了。"

过了些时日，孟子朝见了齐王，说道："王的地方长官，我认识了五位。明白自己罪过的，只有孔距心一个人。"他给齐王复述了与孔距心的对话。

王说："这个也是我的罪过！"

4.5 孟子谓蚳鼃①曰："子之辞灵丘②而请士师，似也，为其可以言也。今既数月矣，未可以言与？"

蚳鼃谏于王而不用，致为臣而去。

齐人曰："所以为蚳鼃则善矣，所以自为则吾不知也。"

公都子③以告。

曰："吾闻之也：有官守者，不得其职则去；有言责者，不得其言则去。我无官守，我无言责也，则吾进退，岂不绰

绰然有余裕哉？”

【注释】

① 蚳（chí）鼃：齐国大夫。② 灵丘：齐国边境邑名。③ 公都子：孟子的学生。

【译文】

孟子对蚳鼃说：“你辞去灵丘长官，而请求做治狱官，这似乎有道理，因为可以向齐王进言。可是现在你已经做治狱官好几个月了，还不能进言吗？”

蚳鼃向齐王进谏，齐王不听，蚳鼃因此辞职而去。

齐国人说：“孟子为蚳鼃的考虑倒是有道理，但是他怎样替自己考虑呢？我们就不知道了。”

公都子把齐国人的议论告诉了孟子。

孟子说：“我听说过：有官位的人，如果无法尽到职责就应该辞官离开；有进言责任的人，如果言不听计不从，就应该辞职离开。至于我，既无官位，又无进言的责任，那我的进退去留，岂不是非常宽松而且有自由回旋的余地吗？”

4.6　**孟子为卿于齐，出吊于滕，王使盖[①]大夫王驩[②]为辅行。王驩朝暮见，反齐滕之路，未尝与之言行事也。**

公孙丑曰：“齐卿之位，不为小矣；齐滕之路，不为近矣，反之而未尝与言行事，何也？”

曰：“夫既或治之，予何言哉？”

【注释】

① 盖（gě）：齐国邑名，在今山东省沂水县西北。②王驩：盖

邑的地方长官，齐王的宠臣。

【译文】

孟子在齐国为卿，奉命出使到滕国去吊丧，齐王还派盖邑的长官王驩作为副使同行。王驩同孟子两人成天在一起，来回于齐滕两国的路上，孟子却不曾和他讨论过公事。

公孙丑问道："齐国卿的官位，不算小了；齐滕间的距离，不算近了；但来回一趟，不曾和王驩谈过公事，这是为什么呢？"

孟子答道："他既然一个人独断专行了，我还说什么呢？"

4.7　孟子自齐葬于鲁，反于齐，止于嬴①。

充虞②请曰："前日不知虞之不肖，使虞敦匠事③。严④，虞不敢请。今愿窃有请也：木若以⑤美然。"

曰："古者棺椁无度⑥，中古⑦棺七寸，椁称之。自天子达于庶人，非直为观美也，然后尽于人心。不得⑧不可以为悦，无财不可以为悦。得之为⑨有财，古之人皆用之，吾何为独不然？且比⑩化者⑪无使土亲肤，于人心独无恔⑫乎？吾闻之也：君子不以天下俭其亲。"

【注释】

① 嬴：地名，故城在今山东省济南市莱芜区西北。② 充虞：孟子的学生。③ 匠事：木匠制作棺材的事。④ 严：急，忙。⑤ 以：太。⑥ 棺椁（guǒ）无度：古代棺材分内外两层，内层叫棺，外层的套棺叫椁。棺椁无度是说棺与椁都没有尺寸规定。⑦ 中古：指周公治礼以后的时代。⑧ 不得：指礼制规定所不允许。⑨ 为：这里是"与"的意思。⑩ 比：为了。⑪ 化者：死者。⑫ 恔（xiào）：快慰，满足。

【译文】

孟子从齐国到鲁国安葬母亲，返回齐国时，住在嬴县。

学生充虞请教说："前些日子承蒙老师您不嫌弃我，让我监理做棺椁的事。当时大家都很忙碌，我不敢来请教。现在我想把心里的疑问提出来请教老师：棺木似乎太好了一点吧！"

孟子答道："上古对于棺椁用木的尺寸没有规定；中古时规定棺木厚七寸，椁木以与棺木的厚度相称为准。从天子到老百姓，讲究棺木的质量并非仅仅是为了美观，而是因为只有这样做才能尽到孝心。为礼制所限不能用上等木料做棺椁，不能够称心；没有钱不能用上等木料做棺椁，也不能够称心。既为礼制所允许，又有财力，古人都会这么做，我怎么就不可以呢？况且，这样做不过是为了不让泥土沾到死者的尸体，难道孝子之心就不可以有这样一点满足吗？我听说过：君子不因为天下大事而俭省应该用在父母身上的钱财。"

4.8　沈同[①]以其私问曰："燕可伐与？"

孟子曰："可。子哙不得与人燕，子之不得受燕于子哙。有仕[②]于此，而子悦之，不告于王而私与之吾子之禄爵，夫士也，亦无王命而私受之于子，则可乎？何以异于是！"

齐人伐燕。或问曰："劝齐伐燕，有诸？"

曰："未也。沈同问：'燕可伐与？'吾应之曰：'可。'彼然而伐之也。彼如曰：'孰可以伐之？'则将应之曰：'为天吏，则可以伐之。'今有杀人者，或问之曰：'人可杀与？'则将应之曰：'可。'彼如曰：'孰可以杀之？'则将应之曰：'为士师，则可以杀之。'今以燕伐燕，何为劝之哉？"

【注释】

① 沈同：齐国大臣。② 仕：同“士”。

【译文】

沈同以个人身份问孟子说：“燕国可以讨伐吗？”

孟子答道：“可以。燕王子哙不能够（任自己的意思）把燕国交给别人，他的相国子之也不能够（就这样）从子哙那里接受燕国。譬如有这么一个人，你对他有好感，便不向王请示而自作主张把你的俸禄官位都让给他，他也没有国王的任命便从你那里接受了俸禄官位，这样可以吗？子哙、子之私相授受的事和这个例子又有什么区别呢？”

齐国果然去讨伐燕国。有人问孟子说：“齐国讨伐燕国，你曾经劝说过，有这回事吗？”

孟子答道：“没有。沈同曾经以个人身份问我：‘燕国可以讨伐吗？’我回答说：‘可以。’他们就这样去讨伐燕国了。假如他再问：‘谁可以去讨伐呢？’那我就会说：‘只有天吏才可以去讨伐。’譬如这里有一个杀人犯，有人问道：‘这犯人该杀吗？’我会说：‘该杀。’假如他再问：‘谁可以杀他呢？’我就会说：‘只有治狱官才可以去杀他。’如今用一个同燕国一样暴虐的国家去讨伐燕国，我为什么去劝他呢？”

4.9　燕人畔。王曰：“吾甚惭[1]于孟子。”

陈贾[2]曰：“王无患焉。王自以为与周公孰仁且智？”

王曰：“恶！是何言也！”

曰：“周公使管叔监殷，管叔以殷畔。知而使之，是不仁也；

不知而使之，是不智也。仁智，周公未之尽也，而况于王乎？贾请见而解之。”

见孟子，问曰：“周公何人也？”

曰：“古圣人也。”

曰：“使管叔监殷，管叔以殷畔也，有诸？”

曰：“然。”

曰：“周公知其将畔而使之与？”

曰：“不知也。”

“然则圣人且有过与？”

曰：“周公，弟也；管叔，兄也。周公之过，不亦宜乎？且古之君子，过则改之；今之君子，过则顺之。古之君子，其过也，如日月之食，民皆见之；及其更也，民皆仰之。今之君子，岂徒顺之，又从为之辞。”

【注释】

① 惭：惭愧。② 陈贾：齐国大夫。

【译文】

燕国人背叛齐国。齐宣王说：“我对孟子感到很惭愧。”

陈贾说：“大王不必难过。大王自认为与周公相比，谁更仁且智呢？”

齐宣王说：“咳！这是什么话！”

陈贾说：“周公派管叔去监督殷人，管叔却率领殷人叛乱。如果周公知道他会反叛还任命他，这是不仁；如果不知道他会反叛而任命他，这是不智。仁和智，连周公都没有完全做到，何况大王呢？请让我去见孟子做些解释吧。”

陈贾见到孟子，问道："周公是怎样的人？"

孟子说："古代的圣人。"

陈贾问："他派管叔监督殷人，管叔却率领殷人叛乱，有这回事吗？"

孟子说："有。"

陈贾问："周公是知道他会反叛而派他去的吗？"

孟子说："不知道。"

陈贾说："这样说来，圣人也会有过错了？"

孟子说："周公是弟弟，管叔是哥哥，（难道弟弟能疑心哥哥会造反吗？）周公这种错误，难道不也是合乎情理的吗？而且，古代的君子，有了过错，随即改正；今天的君子，有了过错，竟将错就错。古代的君子，他的过错，好像日蚀月蚀一般，老百姓个个都看得到；当他改正的时候，百姓都仰望他。今天的君子，不仅仅将错就错，还要为错误找借口来辩护。"

4.10　孟子致为臣而归[①]。王就见孟子，曰："前日愿见而不可得，得侍同朝，甚喜；今又弃寡人而归，不识可以继此而得见乎？"

对曰："不敢请耳，固所愿也。"

他日，王谓时子[②]曰："我欲中国[③]而授孟子室，养弟子以万钟[④]，使诸大夫国人皆有所矜式[⑤]。子盍为我言之？"

时子因陈子[⑥]而以告孟子，陈子以时子之言告孟子。

孟子曰："然，夫时子恶知其不可也？如使予欲富，辞十万而受万，是为欲富乎？季孙[⑦]曰：'异哉，子叔疑[⑧]！使

己为政，不用则亦已矣，又使其子弟为卿。人亦孰不欲富贵？而独于富贵之中有私龙断⑨焉。’古之为市也，以其所有易其所无者，有司者治之耳。有贱丈夫⑩焉，必求龙断而登之，以左右望而罔市利。人皆以为贱，故从而征之。征商自此贱丈夫始矣。”

【注释】

① 致为臣而归：指孟子辞去齐宣王的客卿而归故乡。致，归还。② 时子：齐王的臣子。③ 中国：在国都中，指临淄城。④ 钟：古代量器。⑤ 矜式：敬重，效法。⑥ 陈子：即孟子的学生陈臻。⑦ 季孙：孟子的弟子。⑧ 子叔疑：人名。⑨ 龙断：即“垄断”，把持、独占。⑩ 丈夫：对成年男子的通称。

【译文】

孟子辞去齐国的官职准备回乡。齐王专门去看孟子，说：“从前希望见到您而不可能，后来终于得以在一起共事，我感到很高兴；现在您又将弃我而去，不知我们以后还能不能够相见？”

孟子答道：“这个我不敢请求，但内心是很希望的。”

过了几天，齐王对臣下时子说：“我想在都城中建一所房子给孟子，再用万钟粮食供养他的学生，使我们的官吏和人民都有所效法。你何不替我去和孟子谈谈呢？”

时子便托陈子把这话转告给孟子，陈子也就把时子的话告诉了孟子。

孟子说：“是的，时子哪里知道这事做不得呢？如果我追求富贵，辞去十万钟俸禄却去接受一万钟的赏赐，这是追求富贵吗？季孙曾经说过：‘子叔疑真奇怪！自己要做官，别人不重用也就算了，却又让自己的子弟去做卿大夫。谁不想做官发财呢？可他却想在做官发财中搞垄断。’这正如古代的市场交易，本来不过是以有换无，有关的官吏只是管理罢了。但有那么一个卑贱的男子，一定要找一个独立的高地登上去，左边望望，右边望望，恨不得把整个市场的利益都由他一人捞去。别人都觉得这人卑贱，因此向他征税。向商人征税就是从这个卑贱的男子开始的。”

4.11 孟子去齐，宿于昼①。有欲为王留行者，坐而言。不应，隐几而卧。

客不悦曰：“弟子齐宿②而后敢言，夫子卧而不听，请勿复敢见矣。”

曰：“坐！我明语子。昔者鲁缪公③无人乎子思之侧，则不能安子思；泄柳、申详无人乎缪公之侧，则不能安其身④。子为长者虑，而不及子思；子绝长者乎？长者绝子乎？”

【注释】

① 昼：齐国邑名，在今山东省淄博市临淄区附近。② 齐宿：“齐”同“斋”，斋戒。先一日斋戒，便叫“齐宿”。③ 鲁缪公：鲁国国君，名显，前407年至前377年在位。鲁缪公尊敬子思，常派人在子思身边伺候致意，使子思安心。④ 泄柳、申详：同为鲁缪公时贤人。泄柳亦称子柳。申详，孔子弟子子张之子。他们二人认为，如果没有贤者在君主左右维持调护，自身就感到不安。

【译文】

孟子离开齐国，在昼邑过夜。有个想为齐王挽留孟子的人，恭敬地坐着跟孟子说话。孟子不搭理他，靠着几案休息。

客人不高兴地说：“我先斋戒了一天，然后才敢来进言，先生却躺着不听，恕我今后再也不敢来见您了。”（说完，起身要走。）

孟子说：“坐下！我明白地告诉你。从前，鲁缪公要是没有人在子思身边（伺候致意），就不能使子思安心留下；要是没有贤人在鲁缪公身边，就不能使泄柳、申详（在鲁国）安身。你替我这个长辈着想，却想不到（鲁缪公怎样对待）子思；（不去劝齐王改变态度，光劝我留下）这是你弃绝长辈呢？还是长辈弃绝你呢？”

4.12　孟子去齐。尹士①语人曰：“不识王之不可以为汤武，则是不明也；识其不可，然且至，则是干泽②也。千里而见王，不过故去，三宿而后出昼，是何濡滞也？士则兹不悦。”

高子③以告。

曰：“夫尹士恶知予哉？千里而见王，是予所欲也；不遇故去，岂予所欲哉？予不得已也。予三宿而出昼，于予心犹以为速，王庶几改之。王如改诸，则必反予。夫出昼而王不予追也，予然后浩然有归志。予虽然岂舍王哉？王由足用为善。王如用予，则岂徒齐民安，天下之民举安。王庶几改之，予日望之。予岂若是小丈夫然哉？谏于其君而不受则怒，悻悻然见于其面，去则穷日之力而后宿哉？”

尹士闻之，曰：“士诚小人也。”

【注释】

①尹士：齐国人。②干泽：干，求。泽，禄。③高子：齐国人，孟子弟子。

【译文】

孟子离开齐国。尹士对人说：“不知道齐王不能成为商汤、周武王那样的君主，就是不明智；知道齐王不可能，然而还是到齐国来，就是为了求取富贵。不远千里来见齐王，意见不合就离开，在昼邑住了三夜才走，为什么这样迟缓呢？我对（孟子）这一点很不高兴。”

高子把这番话告诉了孟子。

孟子说：“尹士哪会懂得我（的想法）呢？千里迢迢来见齐王，这是我自己愿意的；意见不合而离开，难道也是我愿意的吗？我是不得已罢了。我住了三夜才离开昼邑，在我心里还觉得太快了，（心想）齐王或许会改变态度，齐王如果改变了态度，一定会召我回去。（等到）离开了昼邑，齐王没有（派人）追我回去，我这才毅然下定决心回老家去。我虽然这么做了，难道肯舍弃齐王吗？齐王还是完全可以行善政的。齐王如果任用我，岂止齐国的百姓能得到安宁，天下的百姓都能得到安宁。齐王或许会改变态度的！我天天期望着他能改变！我难道是那种气度狭小的人吗？向君主进谏不被接受，就怒气冲冲，脸上显露出不满的表情，离开时就非得拼尽一天的气力赶路，然后才肯休息吗？”

尹士听了这话，说：“我真是个小人啊。”

4.13　孟子去齐，充虞[①]路问曰：“夫子若有不豫色然。前日虞闻诸夫子曰：‘君子不怨天，不尤人。’”

曰：“彼一时，此一时也。五百年必有王者兴，其间必有名世者。由周而来，七百有余岁矣。以其数，则过矣；以其时考之，则可矣。夫天未欲平治天下也，如欲平治天下，当今之世，舍我其谁也？吾何为不豫哉？”

【注释】

① 充虞：孟子弟子。

【译文】

孟子离开齐国，充虞在路上问道："老师似乎有些不愉快。以前我听您说过：'君子不抱怨天，不责怪人。'"

孟子说："那时是那时，现在是现在。每五百年必定会有圣王出现，这期间也必定会有闻名于世的贤才。从周以来，已经七百多年了。按年数说，已经超过了；按时势来考察，该出现圣君贤臣了。上天还不想让天下太平罢了，如果想让天下太平，在当今这个时代，除了我，还有谁（能担当这个重任）呢？我为什么不愉快呢？"

4.14　**孟子去齐，居休①。公孙丑问曰："仕而不受禄，古之道乎？"**

曰："非也。于崇②，吾得见王，退而有去志，不欲变，故不受也。继而有师命，不可以请。久于齐，非我志也。"

【注释】

① 休：地名，在今山东省滕州市北，距孟子家约百里。② 崇：地名，不可考。

【译文】

孟子离开齐国，停留在休地。公孙丑问道："做了官却不接受俸禄，这是古代的规矩吗？"

孟子答道："不是的。在崇地，我见到了齐王，回来后就有了离开齐国的想法，我不想改变（这个想法），所以不接受（俸禄）。接着齐国有战事，不便申请离开。长时间待在齐国，不是我的意愿。"

滕文公上

5.1　滕文公为世子[①]，将之楚，过宋而见孟子。孟子道性善，言必称尧舜。

世子自楚反，复见孟子。孟子曰："世子疑吾言乎？夫道一而已矣。成覸[②]谓齐景公曰：'彼丈夫也，我丈夫也，吾何畏彼哉？'颜渊曰：'舜何人也？予何人也？有为者亦若是。'公明仪[③]曰：'文王我师也，周公岂欺我哉？'今滕，绝长补短，将五十里也，犹可以为善国。《书》曰：'若药不瞑眩[④]，厥疾不瘳[⑤]。'"

【注释】

① 世子：太子。② 成覸：齐国的一位勇士。③ 公明仪：鲁国贤人，曾参弟子，复姓公明，名仪。④ 瞑眩：眼睛昏花看不清楚。⑤ 瘳（chōu）：病愈。

【译文】

滕文公做太子时，有次到楚国去，路过宋国时会见了孟子。孟子给他讲性善的道理，每句话都不离尧舜。

太子从楚国回来，又来拜访孟子。孟子说："太子不相信我的话吗？道只有一个啊。成覸对齐景公说：'他是一个大丈夫，我也是一个大丈夫，我怕他什么呢？'颜渊说：'舜是什么样的人？我是什么样的人？（但是）有作为的人也应该像舜一样。'公明仪说：'文王是我的老师，周公难道会欺骗我吗？'现在的滕国，假如把疆土截长补短也有将近方圆五十里，仍可以成为推行善政的国家。《尚书》中说：‘如果药不能使人头昏眼花，那病是不会痊愈的。’”

5.2 滕定公[①]薨[②]，世子谓然友[③]曰：“昔者孟子尝与我言于宋，于心终不忘。今也不幸至于大故[④]，吾欲使子问于孟子，然后行事。”

然友之[⑤]邹问于孟子。

孟子曰：“不亦善乎！亲丧固所自尽[⑥]也。曾子曰：‘生，事之以礼；死，葬之以礼，祭之以礼，可谓孝矣。’诸侯之礼，吾未之学也；虽然，吾尝闻之矣。三年之丧，齐疏之服[⑦]，飦粥[⑧]之食，自天子达于庶人，三代共之。”

然友反命，定为三年之丧。父兄百官皆不欲，曰：“吾宗国[⑨]鲁先君莫之行，吾先君亦莫之行也，至于子之身而反之，不可。且《志》曰：‘丧祭从先祖。’曰：‘吾有所受之也。’”

谓然友曰：“吾他日未尝学问，好驰马试剑。今也父兄百官不我足也，恐其不能尽于大事，子为我问孟子！”

然友复之邹问孟子。

孟子曰：“然，不可以他求者也。孔子曰：‘君薨，听于冢宰[⑩]，歠[⑪]粥，面深墨，即位而哭，百官有司莫敢不哀，先之也。’上有好者，下必有甚焉者矣。君子之德，风也；小人之德，草也。草尚之风，必偃[⑫]。是在世子。”

然友反命。

世子曰：“然，是诚在我。”

五月居庐[⑬]，未有命戒。百官族人可，谓曰知。及至葬，

四方来观之，颜色之戚，哭泣之哀，吊者大悦。

【注释】

①滕定公：滕文公的父亲。②薨（hōng）：死。古代称侯王死叫“薨”。③然友：人名，太子的老师。④大故：重大的事故，指大丧、凶灾之类。⑤之：至，到。⑥自尽：尽自己最大的心力。⑦齐（zī）疏之服：用粗布做的缝边的丧服。⑧饘（zhān）粥：稀粥。⑨宗国：周公封鲁，所以其余姬姓诸国都以鲁为宗国。⑩冢（zhǒng）宰：官名。在君王居丧期间代理朝政。⑪歠（chuò）：饮。⑫偃：倒下。⑬五月居庐：居住在丧庐中五个月。

【译文】

滕定公死了，太子对他的老师然友说：“以前孟子曾经在宋国与我交谈，我一直不曾忘记。今日不幸得很，父亲去世，我想请你去请教孟子，然后再办丧事。”

然友便到邹国，去问孟子。

孟子说：“不是很好吗！父母的丧事，本来就应该用心尽力。曾子说过：‘他们在世，依礼侍奉；他们去世，依礼埋葬，依礼祭祀，这可以说是尽孝了。’诸侯的礼节，我虽然没学习过，但也听说过。实行三年的丧礼，穿着粗布缉边的孝服，吃着稀粥，从天子一直到老百姓，夏、商、周三代都是这样的。”

然友回国复命，太子便决定行三年的丧礼。宗室百官都不愿意，说道：“我们的宗国鲁国的历代君主没有实行过，我们历代的祖先也没有实行过，到你这一代便改变了祖先的做法，这是不应该的。而且《志》说过：‘丧礼祭礼一律依从祖宗的规矩。’意思是，我们是有所继承的。”

太子便对然友说："我以前未曾学艺问礼，只喜欢骑马舞剑。现在，我要实行三年之丧，宗室百官们都对我不满，恐怕我处理不好这件大事，请您再去替我问问孟子吧！"

然友又到邹国去问孟子。

孟子说："是的！这是不能够求于别人的。孔子说过：'君主去世，太子把一切政务交给冢宰，喝着粥，面色深黑，到了孝子之位便哭，大小官吏没有人敢不悲哀，因为太子亲自带头。'在上位的有什么爱好，在下面的人必定更加过分。君子的德好像风，小人的德好像草，风向哪边吹，草就向哪边倒。这一件事情完全决定于太子。"

然友回国报告了太子。

太子说："对，这件事确实取决于我。"

于是太子在丧庐中住了五个月，没有颁布过任何命令和禁令。官吏们、同族们都很赞成，认为太子知礼。等到举行葬礼的时候，四面八方的人都来观礼，太子容色的悲惨，哭声的哀痛，来吊丧的人都非常满意。

5.3 滕文公问为国。孟子曰："民事不可缓也。《诗》云：'昼尔于茅①，宵尔索绹②；亟其乘屋③，其始播百谷。'民之为道也，有恒产者有恒心，无恒产者无恒心。苟无恒心，放辟邪侈，无不为已。及陷乎罪，然后从而刑之，是罔民也。焉有仁人在位罔民而可为也？是故贤君必恭俭礼下，取于民有制。阳虎④曰：'为富不仁矣，为仁不富矣。'夏后氏五十而贡，殷人七十而助，周人百亩而彻，其实皆什一也。彻者，彻⑤也；助者，藉⑥也。龙子⑦曰：'治地莫善于助，莫不善

于贡。’贡者，挍[8]数岁之中以为常。乐岁，粒米狼戾[9]，多取之而不为虐，则寡取之；凶年，粪其田而不足，则必取盈焉。为民父母，使民盻盻然[10]，将终岁勤动，不得以养其父母，又称贷而益之，使老稚转乎沟壑，恶在其为民父母也？夫世禄，滕固行之矣。《诗》云：‘雨我公田，遂及我私。’惟助为有公田。由此观之，虽周亦助也。设为庠序学校[11]以教之。庠者，养也；校者，教也；序者，射也。夏曰校，殷曰序，周曰庠；学则三代共之，皆所以明人伦也。人伦明于上，小民亲于下。有王者起，必来取法，是为王者师也。《诗》云：‘周虽旧邦，其命惟新。’文王之谓也。子力行之，亦以新子之国！”

使毕战[12]问井地[13]。孟子曰：“子之君将行仁政，选择而使子，子必勉之！夫仁政，必自经界始。经界不正，井地不钧，谷禄[14]不平，是故暴君污吏必慢其经界。经界既正，分田制禄可坐而定也。夫滕，壤地褊[15]小，将为君子焉，将为野人焉。无君子，莫治野人；无野人，莫养君子。请野九一而助，国中什一使自赋。卿以下必有圭田，圭田五十亩；余夫二十五亩。死徙无出乡，乡田同井，出入相友，守望相助，疾病相扶持，则百姓亲睦。方里而井，井九百亩，其中为公田。八家皆私百亩，同养公田；公事毕，然后敢治私事，所以别野人也。此其大略也，若夫润泽之，则在君与子矣。”

【注释】

① 于茅：割取茅草。② 索绹（táo）：绞成绳索。③ 亟（jí）其乘屋：着急修缮房屋。④ 阳虎：鲁国正卿季氏的总管，一度挟持季氏，干涉鲁国国政。⑤ 彻：通。⑥ 藉：借。⑦ 龙子：古代贤人。⑧ 挍（jiào）：

校。⑨ 狼戾（lì）：纵横。⑩ 盻（xì）盻然：勤苦不休息的样子。⑪ 庠、序、学、校：地方学校。⑫ 毕战：滕国大臣。⑬ 井地：即井田。⑭ 谷禄：古人俸禄用谷，所以谷有禄的意思。⑮ 褊（biǎn）：狭小。

【译文】

滕文公问孟子治理国家的事情。孟子说："百姓的事不可延缓。《诗经》中说：'白天割取茅草，晚上绞成绳索，赶紧修缮房屋，到时播种五谷。'老百姓的规律是：有固定的产业才会有坚定的心志，没有固定的产业，就不会有坚定的心志。没有坚定的心志，就会胡作非为，违法乱纪，什么事都干得出来。等到他们犯了罪，然后去加以处罚，这等于陷害百姓。哪有仁人做了君主可以做陷害百姓的事呢？所以贤明之君必定要恭敬节俭，以礼对待臣下，尤其是征收赋税要有一定的制度。阳虎曾经说过：'追求富就不能仁，追求仁就不能富。'（古代的税收制度大致如此：）夏代每家五十亩地而行'贡'法，商朝每家七十亩地而行'助'法，周朝每家一百亩地而行'彻'法。（三种税制虽然不同，）税率其实都是十分抽一。'彻'是'通'的意思，'助'是'借助'的意思。古代一位贤者龙子说过：'田税最好是助法，最差是贡法。'贡法是比较若干年的收成确定一个定数。丰收年成，到处是谷物，多征收一点也不算暴虐，却并不多收；灾荒年成，就算施肥，也不够纳税，却也要收满定数。君主号称百姓的父母，却使百姓整年辛苦劳动，结果却连养活父母都不够，还得靠借贷来补足赋税，最后使得老人孩子弃尸于沟壑，那么作为百姓父母的作用又体现在哪儿呢？世禄的制度，滕国早就实行了，（何不再实行助法，使老百姓也得到好处呢？）《诗经》中说：'雨先下到公田里，然后再落到私田！'只有助法才有公田。从这点看来，就是周朝,也是实行助法的。要兴办‘庠’‘序’‘学’‘校’来教育他们。‘庠’是教养的意思,‘校’是教导的意思,‘序’是陈列的意思。(地方学校,)夏代叫‘校’,商代叫‘序’,周代叫‘庠’,‘学’是三代都有的,都是用来教导人伦的。人伦被上面的统治者所提倡,百姓在下面自然会互亲互敬。如果有圣王兴起,一定会来学习仿效,这样便做了圣王的老师了。《诗经》中说:‘岐周虽然是一个古老的国家,国运却充满着新气象。’这是赞美文王的诗句。你努力实行吧,也来使你的国家气象一新!”

滕文公派遣毕战向孟子请教井田制。孟子说:“你的君王准备实行仁政,选择你来问我,你一定要努力!实行仁政,一定要从划分整理田界开始。田界划分得不正确,井田的大小就不均匀,作为俸禄的田租收入也就不会公平合理,所以暴虐的君王以及贪官污吏一定要打乱田间限界。田间限界明确了,分配土地、制定俸禄也就轻而易举了。滕国的土地狭小,却也得有官吏和农夫。没有官吏,就没有人管理农夫;没有农夫,就没有人养活官吏。请考虑在郊野用九分抽一的助法,在都城用十分抽一的贡法。公卿以下的官吏一定有供祭祀的圭田,每家五十亩;家中未成年的男子另给二十五亩。丧葬迁居,都不离开本乡。乡里同一井田的各家,出入相互结伴,防御盗贼,互相帮助,有疾病时互相照顾,那么百姓之间就亲近和睦了。方圆一里的土地为一井田,每一井田有九百亩,中间一百亩是公田,以外八百亩分给八家做私田,这八家共同来耕种公田。先把公田耕种完毕,然后才可以耕私田,这就是区别官吏与百姓的办法。这是井田的大概情况,至于怎样去改进完善,那就是国君和你的事了。”

5.4　有为神农之言[①]者许行[②]，自楚之滕，踵[③]门而告文公曰："远方之人闻君行仁政，愿受一廛而为氓[④]。"

文公与之处。

其徒数十人，皆衣褐捆屦织席以为食[⑤]。

陈良[⑥]之徒陈相与其弟辛，负耒耜[⑦]而自宋之滕，曰："闻君行圣人之政，是亦圣人也，愿为圣人氓。"

陈相见许行而大悦，尽弃其学而学焉。

陈相见孟子，道许行之言曰："滕君则诚贤君也，虽然，未闻道也。贤者与民并耕而食，饔飧[⑧]而治。今也滕有仓廪府库，则是厉民而以自养也，恶得贤？"

孟子曰："许子必种粟而后食乎？"

曰："然。"

"许子必织布而后衣乎？"

曰："否，许子衣褐。"

"许子冠乎？"

曰："冠。"

曰："奚冠？"

曰："冠素。"

曰："自织之与？"

曰："否，以粟易之。"

曰："许子奚为不自织？"

曰："害于耕。"

曰："许子以釜甑爨，以铁耕[⑨]乎？"

曰："然。"

"自为之与？"

曰："否，以粟易之。"

"以粟易械器者，不为厉陶冶；陶冶亦以其械器易粟者，岂为厉农夫哉？且许子何不为陶冶，舍[10]皆取诸其宫中[11]而用之？何为纷纷然与百工交易？何许子之不惮烦？"

曰："百工之事固不可耕且为也。"

"然则治天下独可耕且为与？有大人[12]之事，有小人之事。且一人之身，而百工之所为备，如必自为而后用之，是率天下而路[13]也。故曰，或劳心，或劳力；劳心者治人，劳力者治于人；治于人者食人，治人者食于人。天下之通义也。

"当尧之时，天下犹未平，洪水横流，泛滥于天下，草木畅茂，禽兽繁殖，五谷不登，禽兽逼人，兽蹄鸟迹之道交于中国。尧独忧之，举舜而敷[14]治焉。舜使益掌火，益烈山泽而焚之，禽兽逃匿。禹疏九河，瀹济漯[15]而注诸海，决汝汉，排淮泗而注之江，然后中国可得而食也。当是时也，禹八年于外，三过其门而不入，虽欲耕，得乎？

"后稷[16]教民稼穑，树艺[17]五谷；五谷熟而民人育。人之有道也，饱食、暖衣、逸居而无教，则近于禽兽。圣人有忧之，使契[18]为司徒，教以人伦。父子有亲，君臣有义，夫妇有别，长幼有叙，朋友有信。放勋[19]曰：'劳[20]之来之，匡之直之，辅之翼之，使自得之，又从而振德之。'圣人之忧民如此，而暇耕乎？

"尧以不得舜为己忧，舜以不得禹、皋陶[21]为己忧。夫以百亩之不易[22]为已忧者，农夫也。分人以财谓之惠，教人以善谓之忠，为天下得人者谓之仁。是故以天下与人易，为天下得人难。孔子曰：‘大哉尧之为君！惟天为大，惟尧则之，荡荡乎民无能名焉！君哉舜也！巍巍乎有天下而不与焉！’尧舜之治天下，岂无所用其心哉？亦不用于耕耳。

“吾闻用夏变夷者，未闻变于夷者也。陈良，楚产也，悦周公、仲尼之道，北学于中国。北方之学者，未能或之先也，彼所谓豪杰之士也。子之兄弟事之数十年，师死而遂倍[23]之！昔者孔子没，三年之外，门人治任[24]将归，人揖于子贡，相向而哭，皆失声，然后归。子贡反，筑室于场，独居三年，然后归。他日，子夏、子张、子游以有若似圣人，欲以所事孔子事之，强曾子。曾子曰：‘不可。江汉以濯之，秋阳以暴[25]之，皜皜[26]乎不可尚已。’今也南蛮鴃[27]舌之人，非先王之道，子倍子之师而学之，亦异于曾子矣。吾闻出于幽谷迁于乔木者，未闻下乔木而入于幽谷者。《鲁颂》曰：‘戎狄是膺，荆舒是惩。’[28]周公方且膺之，子是之学，亦为不善变矣。”

“从许子之道，则市贾不贰[29]，国中无伪，虽使五尺之童适市，莫之或欺。布帛长短同，则贾相若；麻缕丝絮轻重同，则贾相若；五谷多寡同，则贾相若；屦大小同，则贾相若。”

曰：“夫物之不齐，物之情也；或相倍蓰[30]，或相什百，或相千万。子比而同之，是乱天下也。巨屦小屦同贾，人岂为之哉？从许子之道，相率而为伪者也，恶能治国家？”

【注释】

① 神农之言：神农氏的学说。神农是上古传说中的人物，常与

伏羲氏、燧人氏一道被称为“三皇”。神农氏主要的功绩是教人从事农业生产，所以叫“神农”。② 许行：农家代表人物之一。③ 踵（zhǒng）：至，到。④ 愿受一廛（chán）而为氓（méng）：廛，住房。氓，移民。⑤ 衣褐捆屦（jù）织席以为食：穿粗麻衣，靠编草鞋、织草席谋生。⑥ 陈良：楚国的儒士。陈相、陈辛，都是陈良的学生。⑦ 耒耜（lěi sì）：农具。⑧ 饔飧（yōng sūn）：早餐晚餐。⑨ 以釜甑（zèng）爨（cuàn），以铁耕：釜，金属制的锅。甑，用瓦做的茶饭器。爨，烧火做饭。铁，指用铁做的农具。⑩ 舍：相当于方言“啥”，一切东西的意思。⑪ 宫中：家中 。⑫ 大人：这里指有地位的人，与下文“小人”相对。⑬ 路：指奔波、劳累。⑭ 敷：遍。⑮ 瀹（yuè）济漯（tà）：疏导济水和漯水。⑯ 后稷：相传为周的始祖，名弃，尧帝时为农师。⑰ 树艺：种植。⑱ 契（xiè）：人名，相传是殷的祖先，子姓，尧帝时任司徒。⑲ 放勋：尧的称号。⑳ 劳：劝勉，慰劳。㉑ 皋陶（gāo yáo）：人名，相传为虞舜时的司法官。㉒ 易：治。㉓ 倍：同“背”，背叛。㉔ 治任：准备行李。㉕ 暴：同“曝”，晒。㉖ 皜（hào）：光明洁白的样子。㉗鴃（jué）：伯劳鸟。㉘戎狄是膺，荆舒是惩：攻击北方的戎狄，惩罚南方的荆舒。㉙市贾不贰：贾，通“价”。不贰，没有两样。㉚倍蓰（xǐ）：倍，一倍。蓰，五倍。

【译文】

有一个奉行神农氏学说的人，名叫许行，从楚国到滕国，登门谒见滕文公说：“我这个从远方来的人听说您施行仁政，希望得到一处住所，成为您的百姓。”

滕文公给了他住处。

许行的门徒有几十个人，都穿着粗麻衣服，靠编草鞋织席子为生。

陈良的门徒陈相和他弟弟陈辛背着农具从宋国来到滕国，也对滕文公说："听说您施行圣人的政治，那么，您也是圣人了，我们都愿意做圣人的百姓。"

陈相见到许行后非常高兴，完全抛弃了自己以前所学的而改学许行的学说。

陈相有一天去拜访孟子，转述许行的话说："滕君的确是个贤明的君主，不过，他还没有掌握真正的治国之道。贤人治国应该和老百姓一起耕种而食，一起亲自烧火做饭。现在滕国却有储藏粮食、财物的仓库，这是损害老百姓来奉养自己，怎么能够叫作贤明呢？"

孟子说："许子一定是自己耕种才吃饭吗？"

陈相说："对。"

"许子一定是自己织布然后才穿衣吗？"

陈相说："不，许子只穿粗麻衣服。"

"许子戴帽子吗？"

陈相说："戴。"

孟子问："戴什么帽子呢？"

陈相说："戴白帽子。"

孟子问："是他自己织的吗？"

陈相说："不是，是用粮食换来的。"

孟子问："许子为什么不自己织呢？"

陈相说："因为怕误了农活。"

孟子问："许子用锅和瓦罐做饭，用铁器耕种吗？"

陈相说："是的。"

"他自己做的吗？"

陈相说："不是，是用粮食换的。"

孟子于是说："农夫用粮食换取锅、瓦罐和农具，不能说是损害了瓦匠铁匠。那么，瓦匠和铁匠用锅、瓦罐和农具换取粮食，难道就能够说是损害了农夫吗？而且，许子为什么不自己烧窑冶铁做成锅、瓦罐和各种农具，什么东西都放在家里随时取用呢？为什么要一件一件地去和各种工匠交换？许子为什么不怕麻烦呢？"

陈相说："各种工匠的工作，当然不是可以一边耕种一边同时完成的。"

"那么治理国家就偏偏可以一边耕种一边治理了吗？官吏有官吏的事，百姓有百姓的事。况且，一个人要靠各种工匠制成的器物才能生存，如果都一定要自己制作才能使用，那就是率领天下的人疲于奔命。所以说：有劳心的人，有劳力的人；劳心的人治理人，劳力的人被人治理；被治理的人养活别人，治理人的人靠别人养活。这是通行天下的原则。

"在尧那个时代，天下还未太平，洪水成灾，四处泛滥；草木昌盛茂密，禽兽大量繁殖，庄稼没有收成，飞禽走兽危害人类，到处都是它们的踪迹。尧为此非常担忧，选拔舜出来全面治理国家。舜派益掌管用火，益便用烈火焚烧山野沼泽的草木，飞禽走兽于是四处逃散。大禹疏通九条河道，治理济水、漯水，引流入海；挖掘汝水、汉水，疏通淮水、泗水，引流进入长江，这样中原才可以进行耕种。当时，禹八年在外，三次经过自己的家门都不进去，即便他想亲自种地，行吗？

"后稷教老百姓耕种收获，栽培五谷，五谷成熟了才能够养育百姓。人之所以为人，吃饱了，穿暖了，住得安逸了，如果没有教养，那就和禽兽差不多。圣人又为此而担忧，派契做司徒，用人伦教导民众，使父子有亲情，君臣有道义，夫妻有差别，长幼有次序，朋友有诚信。尧说道：‘慰劳他们，安抚他们，开导他们，纠正他们，辅助他们，保护他们，使他们各得其所，再进一步提高他们的品德。’圣人为老百姓考虑到这种程度，哪还有空闲耕作呢？

“尧把得不到舜这样的人作为自己的忧虑，舜把得不到禹和皋陶这样的人作为自己的忧虑。那些把耕种不好田地作为自己忧虑的，是农夫。把钱财分给别人叫作惠，把好的道理教给别人叫作忠，为天下发现人才叫作仁。所以把天下让给人容易，为天下发现人才却很难。孔子说：‘尧做天子真是伟大！只有天最伟大，只有尧能够效法天，他的圣德无边无际，老百姓找不到恰当的词语来赞美他！舜也是了不得的天子！虽然有了这样广阔的天下，自己却并不占有它！’尧和舜治理天下，难道不用心思吗？只是不用在耕田种地上罢了。

“我只听说过用华夏去改变蛮夷的，没有听说过反被蛮夷改变的。陈良本来是楚国人，喜爱周公、孔子的学说，由南而北来到中原学习。北方的学者还没有人能够超过他，他可以称得上是豪杰之士了。你们兄弟跟随他学习几十年，他一死，你们就背叛了他！以前孔子死的时候，门徒们都为他守孝三年，三年以后，大家才收拾行李准备回家。临走的时候，都去向子贡行礼告别，相对而哭，泣不成声，然后才离开。子贡又回到孔子的墓地重新筑屋，独自守墓三年，然后才离开。后来，子夏、子张、子游认为有若有点像孔子，便想用尊敬孔子的礼来尊敬他，他们希望曾子也同意。曾子说：‘不可以。我们的老师就像曾经用江汉的水清洗过，又在夏天的太阳下曝晒过，洁白无瑕。是没有谁能够相比的。’如今这个怪腔怪调的南方蛮子，说话诽谤先王的圣贤之道，你们却背叛自己的老师而向他学习，这和曾子的态度恰恰相反。我只听说过鸟从幽暗的山沟飞出来迁往高大树木的，从没听说过从高大树木飞下来迁往幽暗山沟的。《鲁颂》说：‘攻击北方的戎狄，惩罚南方的荆舒。’周公尚且要攻击楚国这样的南方蛮子，你们却去向他学习，也真是不善于改变了。”

陈相说：“如果听从许子的学说，市场价格就会统一，人没有欺诈，就是让一个小孩子去市场，也不会被欺骗。布匹、丝绸的长短一样，价格也就一样；麻线、丝绵的轻重一样，价格也就一样；五谷的多少一样，价格也就一样；鞋子的大小一样，价格也就一样。”

孟子说：“各种东西的质量和价格不一样，这是由物品的实际情况决定的；有的相差一倍五倍，有的相差十倍百倍，有的甚至相差千倍万倍。你想让它们完全一样，只是扰乱天下罢了。一双粗糙的鞋子与一双精致的鞋子价格完全一样，谁还肯做精致的鞋子？听从许子的学说，是率领大家走向虚伪，怎么能够治理好国家呢？”

5.5　墨者[①]夷之因徐辟[②]而求见孟子。孟子曰：“吾固愿见，今吾尚病，病愈，我且往见，夷子不来！”

他日，又求见孟子。孟子曰：“吾今则可以见矣。不直则道不见[③]，我且直之。吾闻夷子墨者，墨之治丧也，以薄为其道也；夷子思以易天下，岂以为非是而不贵也？然而夷子葬其亲厚，则是以所贱事亲也。”

徐子以告夷子。

夷子曰：“儒者之道，古之人若保赤子，此言何谓也？之

则以为爱无差等，施由亲始。”

徐子以告孟子。

孟子曰：“夫夷子信以为人之亲其兄之子，为若亲其邻之赤子乎？彼有取尔也。赤子匍匐将入井，非赤子之罪也。且天之生物也，使之一本，而夷子二本故也。盖上世尝有不葬其亲者，其亲死，则举而委之于壑。他日过之，狐狸食之，蝇蚋[4]姑嘬[5]之。其颡[6]有泚[7]，睨而不视。夫泚也，非为人泚，中心达于面目，盖归反虆梩[8]而掩之。掩之诚是也，则孝子仁人之掩其亲，亦必有道矣。”

徐子以告夷子。夷子怃然为闲，曰：“命之矣。”

【注释】

① 墨者：信奉墨子学说的人。② 徐辟：孟子弟子。③ 见：同“现”。④ 蚋（ruì）：蚊虫。⑤ 嘬（chuài）：叮咬。⑥ 颡：额头。⑦ 泚（cǐ）：出汗的样子。⑧ 虆梩（lěi lí）：虆，盛土的笼子。梩，相当于今日的锹。

【译文】

墨家信徒夷之借着徐辟的关系要求拜见孟子。孟子说：“我本来愿意接见，不过我现在病了，等病好了，我再去见他，他不必来！”

过了些时候，又要求来见孟子。孟子说：“现在可以相见了。不过，说话不直截了当，真理表现不出来，我直截了当地说吧。我听说夷子是墨家信徒，墨家办理丧葬，以薄为合理，夷子也想用薄葬来改革天下，岂不是以为不薄葬就不值得称道吗？然而夷子却厚葬了自己的父母，那便是拿他所鄙薄的方式来对待他的父母了。”

徐子把这话告诉了夷子。

夷子说：“儒家的学说认为，古代的君王爱护百姓好像爱护婴儿一般，这句话是什么意思呢？我认为他的意思是，人对人的爱并没有亲疏厚薄的区别，只是实行起来从父母开始罢了。”

徐子又把这话告诉了孟子。

孟子说：“夷子真以为人们爱他的侄儿，和爱他邻人的婴儿是一样的吗？夷子不过抓住了这一点：婴儿在地上爬行，快要跌到井里去了，这自然不是婴儿自己的罪过。（这时候，不管是谁的孩子，无论谁看见了，都会去救的，夷子以为爱是没有等级的，其实，这是人的恻隐之心。）况且天生万物，只有一个根源，夷子却说有两个根源，道理就在这里。大概上古曾经有不埋葬父母的人，父母死了，就抬着扔在山沟中。过了一些时候，经过那里，狐狸在吃着他，苍蝇、蚊子在咀吮着他，那个人不禁额头冒出汗，斜着眼睛，不敢正视。冒出的汗，不是流给别人看的，而是内心的悔恨在脸上的表现，于是他也回家去取了筐和锹把尸体埋葬了。埋葬尸体是对的，那么，孝子仁人埋葬他的父母，自然有他的道理了。”

徐子把这话告诉了夷子。夷子怅惘许久，说：“我受教了。”

滕文公下

6.1　陈代①曰：“不见诸侯，宜若小然。今一见之，大则以王，小则以霸。且《志》曰：‘枉尺而直寻。’宜若可为也。”

孟子曰：“昔齐景公田，招虞人以旌②，不至，将杀之。志士不忘在沟壑，勇士不忘丧其元。孔子奚取焉？取非其招不往也。如不待其招而往，何哉？且夫枉尺而直寻者，以利言也。如以利，则枉寻直尺而利，亦可为与？昔者赵简子③使王良④与嬖奚⑤乘，终日而不获一禽。嬖奚反命曰：‘天下之贱工也。’或以告王良。良曰：‘请复之。’强而后可，一朝而获十禽。嬖奚反命曰：‘天下之良工也。’简子曰：‘我使掌与女乘。’谓王良。良不可，曰：‘吾为之范⑥我驰驱，终日不获一；为之诡遇⑦，一朝而获十。《诗》云：“不失其驰，舍矢如破。”我不贯与小人乘，请辞。’御者且羞与射者比；比而得禽兽，虽若丘陵，弗为也。如枉道而从彼，何也？且子过矣！枉己者，未有能直人者也。”

【注释】

①陈代：孟子弟子。②旌（jīng）：用彩色羽毛装饰的旗子。古代君王有所召唤，一定有相应的标志，旌是召唤大夫用的。③赵简子：晋国正卿赵鞅。④王良：春秋末年的驾车能手。⑤嬖（bì）奚：一个名叫奚的小臣。⑥范：按规范驾车。⑦诡遇：不按规范驾车。

【译文】

陈代说："不去拜见诸侯，似乎只是拘泥于小节吧。如今一去拜见诸侯，大则可以实行仁政，统一天下；小则可以改革局面，称霸中原。而且《志》书中说：'弯曲一尺而伸长八尺。'似乎是可行的。"

孟子说："从前齐景公打猎，用旌旗召唤猎场的小吏，小吏因为他召唤的方式不对而不予理睬。齐景公想杀了他。（他却一点也不怕，因而受到孔子的称赞。所以，）有志之士不怕弃尸山沟，勇敢的人不怕丢掉脑袋。孔子赞赏猎场小吏的哪一点呢？就是取他因召唤不当就不去的精神。如果我不等到诸侯的召唤就自己去拜见，那算什么呢？况且，所谓'弯曲着一尺长，伸展开来八尺长'的说法，是从利益的角度来考虑问题的。如果从利益的角度来考虑问题，就是弯曲着八尺长，伸展开一尺，那也是有利益的啊，难道也可以去做吗？从前赵简子命令王良替一个名叫奚的宠臣驾车去打猎，整整一天没有打着一只猎物。奚回去后向赵简子报告说：'王良真是天下最不会驾车的人了！'有人把这话告诉了王良。王良便对奚说：'请让我再为您驾一次车。'奚勉强同意了，结果一个清晨就打了十只猎物。奚回去后又向赵简子报告说：'王良真是天下最会驾车的人啊！'赵简子说：'我让他专门为你驾车吧。'当赵简子征求王良的意见时，王良却不肯。他说：'我按规范为他驾车，他一整天都打不到一只猎物；我不按规范为他驾车，他却一个清晨就打了十只猎物。《诗经》中说："不违规矩驾车去，箭一放出就中的。"我不习惯为他这样的小人驾车，请您让我辞去这个差事。'驾车的人尚且羞于与不好的射手合作，即便合作可以打到堆积如山的猎物也不肯。如果我现在放弃原则去追随诸侯，那又算什么呢？况且，你的看法是错误的，自身不正的人是从来不能匡正别人的。”

6.2 景春①曰：“公孙衍②、张仪③岂不诚大丈夫哉？一怒而诸侯惧，安居而天下熄④。”

孟子曰：“是焉得为大丈夫乎？子未学礼乎？丈夫之冠⑤也，父命之。女子之嫁也，母命之，往送之门，戒之曰：‘往之女家，必敬必戒，无违夫子！’以顺为正者，妾妇之道也。居天下之广居，立天下之正位，行天下之大道。得志，与民由之；不得志，独行其道。富贵不能淫，贫贱不能移，威武不能屈，此之谓大丈夫。”

【注释】

① 景春：人名，纵横家的信徒。② 公孙衍：魏国人，当时著名的说客。③ 张仪：魏国人，游说六国连横去服从秦国的大政客。④ 熄：指战火熄灭，天下太平。⑤ 冠：古时男子到了二十岁，行加冠礼。

【译文】

景春说：“公孙衍和张仪难道不是真正的大丈夫吗？一发脾气，诸侯都害怕；安静下来，天下就会太平无战事。”

孟子说：“这怎能叫作大丈夫呢？你没有学过礼吗？男子举行加冠礼的时候，父亲给以训导。女子出嫁的时候，母亲给以训导，送她到门口，告诫她说：‘到了你家里，一定要恭敬，一定要谨慎，不要违背丈夫。’以顺从为最大原则的，这是妇女之道。（至于大丈夫，）则应该住在天下最宽广的住宅里，站在天下最正确的位置上，走在天下最光明的大道上。得志的时候，便与老百姓一同前进；不得志的时候，就独自坚持自己的原则。富贵不能使其骄奢淫逸，贫贱不能使其改变节操，威武不能使其屈服意志。这样才叫作大丈夫！”

6.3 周霄[①]问曰：“古之君子仕乎？”

孟子曰：“仕。《传》曰：‘孔子三月无君，则皇皇[②]如也，出疆必载质[③]。’公明仪曰：‘古之人三月无君，则吊。’”

“三月无君则吊，不以急乎？”

曰：“士之失位也，犹诸侯之失国家也，《礼》曰：‘诸侯耕助，以供粢盛[④]；夫人蚕缫[⑤]，以为衣服[⑥]。牺牲[⑦]不成，粢盛不洁，衣服不备，不敢以祭。惟士无田，则亦不祭。’牲杀、器皿、衣服不备，不敢以祭，则不敢以宴，亦不足吊乎？”

“出疆必载质，何也？”

曰：“士之仕也，犹农夫之耕也；农夫岂为出疆舍其耒耜哉？”

曰：“晋国亦仕国也，未尝闻仕如此其急。仕如此其急也，君子之难仕，何也？”

曰：“丈夫生而愿为之有室，女子生而愿为之有家；父母之心，人皆有之。不待父母之命、媒妁之言，钻穴隙相窥，逾墙相从，则父母国人皆贱之。古之人未尝不欲仕也，又恶不由其道。不由其道而往者，与钻穴隙之类也。”

【注释】

①周霄：魏国人，生活在梁惠王与襄王之时。②皇皇：惶惶不安。皇，通“惶”。③质：同“贽”，古代初相见所带的礼物。④粢盛（zī chéng）：盛在祭器内以供祭祀的谷物⑤夫人蚕缫（sāo）：夫

人，诸侯的正妻。缫，抽茧出丝。⑥ 衣服：专指祭祀穿用的衣服。⑦ 牺牲：祭祀所杀的牛羊猪等都叫“牺牲”，也叫“牲杀”。

【译文】

周霄问道：“古代的君子做官吗？”

孟子答道：“做官。《传》中说：‘孔子要是三个月没有君主任用他，就非常焦急，离开一个国家，一定带着拜见君主的礼物。’公明仪也说过：‘古代的人三个月没有君主任用，就要悲伤。’”

周霄便问：“三个月没有侍奉君主便悲伤，不也太着急了吗？”

孟子说：“士失掉了官位，就像诸侯失掉了国家。《礼》中说：‘诸侯亲自耕种，用来供给祭品；夫人养蚕缫丝，用来供给祭服。牛羊不肥壮，谷米不洁净，礼服不齐备，就不敢用来祭祀。士（失掉了官位就）没有田地俸禄，也就不能祭祀。’（祭祀用的）牲畜、祭器、祭服都不齐备，不敢用来祭祀，也就不敢宴请，（就像遇到丧事的人一样，）还不足以让人感到难受吗？”

周霄又问：“离开国界一定带着见面的礼物，又是什么道理呢？”

孟子说：“士做官，就像农夫种田；农夫难道会因为离开一个国家就丢弃他的农具吗？”

周霄说：“魏国也是一个有官可做的国家，我却不曾听说过找官位是这样急迫的。找官位既然这样的急迫，君子却不轻易做官，又是什么道理呢？”

孟子说：“男孩一生下来，父母便希望给他找妻室；女孩一生下来，父母便希望给她找婆家。爹娘这样的心情，个个都有。但是，若是不等待爹娘开口，不经过媒人介绍，自己就钻洞扒门缝来互相窥望，爬过墙去私会，那么，爹娘和国人都会轻视他。古代的人不是不想做官，但是又讨厌不通过正当途径做官。不通过正当途径出仕，正和男女钻洞扒门缝一样。”

6.4　彭更[①]问曰：“后车数十乘，从者数百人，以传食[②]于诸侯，不以泰乎？”

孟子曰：“非其道，则一箪食不可受于人；如其道，则舜受尧之天下，不以为泰。子以为泰乎？”

曰：“否。士无事而食，不可也。”

曰：“子不通功易事，以羡[③]补不足，则农有余粟，女有余布；子如通之，则梓匠轮舆[④]皆得食于子。于此有人焉，入则孝，出则悌，守先王之道，以待[⑤]后之学者，而不得食于子，子何尊梓匠轮舆而轻为仁义者哉？”

曰：“梓匠轮舆，其志将以求食也。君子之为道也，其志亦将以求食与？”

曰：“子何以其志为哉？其有功于子，可食而食之矣。且子食志乎？食功乎？”

曰：“食志。”

曰：“有人于此，毁瓦画墁[⑥]，其志将以求食也，则子食之乎？”

曰：“否。”

曰：“然则子非食志也，食功也。”

【注释】

① 彭更：孟子弟子。② 传食：转食，辗转受人供养。③ 羡：多余。④ 梓匠轮舆：梓人、匠人为木工。轮，制车轮的人。舆，制车箱的人。

⑤ 待（chí）：扶持。⑥ 墁（màn）：墙上的图饰。

【译文】

彭更问道：“跟随的车子几十辆，跟随的人员几百人，由这一国招待吃喝到那一国，这样不是太过分了吗？”

孟子答道：“如果不符合道，一竹筐饭也不可以接受；如果符合道，舜接受了尧的天下都不算过分。你认为过分了吗？”

彭更说：“不过分。士人不从事生产却让人供养，这是不应该的。”

孟子说：“如果你不让不同行业的产品交换互通，用多余的来弥补不够的，就会使农民有多余的米，妇女有多余的布；如果能互通有无，那么，木匠、车工都能够从你那里得到饭吃。假如这里有个人，在家孝顺父母，出外尊敬长辈，恪守先王之道，用来培养后代的学者，却不能从你这里得到吃的，那么，你为什么尊敬木匠车工，却轻视仁义之士呢？”

彭更说：“木匠、车工，他们的目的本是谋饭吃；君子行道，难道目的也是弄到吃的吗？”

孟子说：“你为什么要追究动机呢？他们对你有功绩，可以给吃的，就给他们饭吃。况且，你是根据动机而给他们吃的呢？还是论功绩而给他们吃的呢？”

彭更说：“根据动机。”

孟子说：“假如这里有个匠人，把屋瓦打碎，在新刷的墙壁上乱画，他的动机也是为了弄到吃的，你给他吃的吗？”

彭更说：“不。”

孟子说：“那你就不是根据动机，而是根据功绩了。”

6.5 万章[①]问曰："宋，小国也，今将行王政，齐楚恶而伐之，则如之何？"

孟子曰："汤居亳[②]，与葛[③]为邻，葛伯放[④]而不祀。汤使人问之曰：'何为不祀？'曰：'无以供牺牲也。'汤使遗之牛羊。葛伯食之，又不以祀。汤又使人问之曰：'何为不祀？'曰：'无以供粢盛也。'汤使亳众往为之耕，老弱馈食。葛伯率其民，要其有酒食黍稻者夺之，不授者杀之。有童子以黍肉饷，杀而夺之。《书》曰：'葛伯仇饷。'此之谓也。为其杀是童子而征之，四海之内皆曰：'非富天下也，为匹夫匹妇复仇也。'汤始征，自葛载，十一征而无敌于天下。东面而征，西夷怨；南面而征，北狄怨，曰：'奚为后我？'民之望之，若大旱之望雨也。归市者弗止，芸者不变，诛其君，吊其民，如时雨降。民大悦。《书》曰：'徯我后，后来其无罚！''有攸[⑤]不惟臣，东征，绥厥士女，篚厥玄黄[⑥]，绍我周王见休[⑦]，惟臣附于大邑周。'其君子实玄黄于篚以迎其君子，其小人箪食壶浆以迎其小人。救民于水火之中，取其残而已矣。《泰誓》曰：'我武惟扬，侵于之疆，则取于残，杀伐用张，于汤有光。'不行王政云尔，苟行王政，四海之内皆举首而望之，欲以为君。齐楚虽大，何畏焉？"

【注释】

①万章：孟子弟子。②亳（bó）：邑名，在今河南省商丘市境内。③葛：古国名，嬴姓，故城在今河南省宁陵县北十五里。④放：放纵、放肆之意。⑤有攸：攸国。⑥篚（fěi）厥玄黄：篚，把物件装在筐篚之中。玄黄，彩色丝织物。⑦休：美。

【译文】

万章问道："宋是个小国家，如今想实行仁政，齐楚两个大国却因此不高兴而出兵讨伐它，怎么办呢？"

孟子说："汤居住在亳地，同葛国为邻国，葛伯放肆得很，不守礼法，不祭祀鬼神。汤派人去问：'为什么不祭祀？'他回答：'没有牛羊做祭品。'汤便派人送去牛羊。葛伯把牛羊吃了，却不用来祭祀。汤又派人去问：'为什么不祭祀？'他答道：'没有谷米做祭物。'汤便派亳地百姓去替他们耕种，老弱的人给耕田的人去送饭。葛伯却带领着他的民众拦住那些拿着酒菜好饭的送饭者进行抢夺，不肯交出来的便杀掉他。有一个孩子去送饭和肉，葛伯竟把他杀掉了，抢去他的饭和肉。《尚书》上说：'葛伯仇视送饭者。'正是这个意思。因为葛伯杀了那个孩子，商汤才去征讨他，天下的人都说：'汤不是贪图天下的财富，是为老百姓报仇。'汤的征讨，是从葛国开始的，出征十一次，天下无敌。向东方出征，西方的人便不高兴；向南方出征，北方的人便不高兴，说道：'为什么把我们放在后面？'老百姓盼望着他，正和久旱时盼望雨水一样。（征讨的时候，）赶集的络绎不绝，种田的照样干活，杀掉那暴虐的君主，安抚那里的人民，就像及时雨从天而降，老百姓非常高兴。《尚书》中说：'等待我们的君主，他来了我们就不再受苦！'又说：'攸国不臣服，周王自东讨伐，安抚那里的人民。人们用竹筐装着黑色和黄色的绢帛来迎接，希望侍奉周王而受他恩泽，称臣归顺大周国。'那里的官员们把黑色和黄色的绢帛装满筐子来迎接周朝官员；那里的老百姓用竹筐盛饭，用壶盛酒浆来迎接士兵，可见周王的出师只是把老百姓从水火之中拯救出来，而杀掉那残暴的君主罢了。《泰誓》中说：'我们的威武要发扬，攻到邗国的疆土上，杀掉那残暴的君王，还有一些该死的都得砍光，这样的功绩比汤还辉煌。’不实行仁政便罢，如果实行仁政，天下的人都抬起头盼望着，要拥护他来做君王。齐国、楚国尽管强大，但又有什么可怕的呢？”

6.6　孟子谓戴不胜[1]曰：“子欲子之王之善与？我明告子。有楚大夫于此，欲其子之齐语也，则使齐人傅诸？使楚人傅诸？”

曰：“使齐人傅之。”

曰：“一齐人傅之，众楚人咻[2]之，虽日挞而求其齐也，不可得矣。引而置之庄岳[3]之间数年，虽日挞而求其楚，亦不可得矣。子谓薛居州，善士也，使之居于王所。在于王所者，长幼卑尊皆薛居州也，王谁与为不善？在王所者，长幼卑尊皆非薛居州也，王谁与为善？一薛居州，独如宋王何？”

【注释】

① 戴不胜：人名，宋国大臣。② 咻（xiū）：喧哗干扰。③ 庄岳：齐国的街里名。

【译文】

孟子对戴不胜说：“你希望你的君王向善吗？我明白告诉你。有位楚国的大夫，希望他的儿子会说齐国话，那么，找齐国人来教呢？还是找楚国人来教呢？”

戴不胜答道：“找齐国人来教。”

孟子说：“一个齐国人教他，却有许多楚国人在打扰他，纵使每天鞭打他，逼他说齐国话，也是做不到的。假如带领他在临淄庄岳的闹市，住上几年，纵使每天鞭打他，逼他说楚国话，也是做不到的。你说薛居州是个好人，要他住在王宫中。如果在王宫中的人，无论年纪长幼，都是像薛居州那样的人，宋王还能和谁一起做坏事呢？如果在王宫中的人，无论年纪长幼，都不是像薛居州那样的人，那君王又和谁一起做好事呢？一个薛居州，又能把宋王怎么样呢？”

6.7　公孙丑问曰：“不见诸侯何义？”

孟子曰：“古者不为臣不见。段干木①逾垣而辟之，泄柳闭门而不纳②，是皆已甚。迫，斯可以见矣。阳货欲见③孔子而恶无礼，大夫有赐于士，不得受于其家，则往拜其门。阳货瞰④孔子之亡也，而馈孔子蒸豚；孔子亦瞰其亡也，而往拜之。当是时，阳货先，岂得不见？曾子曰：‘胁肩谄笑，病于夏畦⑤。’子路曰：‘未同而言，观其色赧赧然，非由之所知也。’由是观之，则君子之所养，可知已矣。”

【注释】

①段干木：姓段干，名木，魏国人，清高而不屑为官。魏文侯去拜访他，他却翻墙逃走不见。②纳：同“内”。③见：这里作使动用法，是阳货想让孔子来拜见他的意思。④瞰（kàn）：窥视。⑤夏畦（qí）：夏，夏天。畦，灌园，浇水。

【译文】

公孙丑问道：“不主动拜见诸侯，是什么道理？”

孟子说：“在古代，（一个人）如果不是诸侯的臣属，便不去拜见。（从前魏文侯去看段干木，）段干木却跳过墙躲开了，（鲁穆公去看泄柳，）泄柳关着大门不接待，这都做得太过分了。如果逼着要见，也可以相见。阳货想要孔子来见他，又不愿自己失礼，大夫对士有所赏赐，当时士如果不在家，不能亲自接受拜谢，就得再亲自去大夫家里答谢。因此阳货探听到孔子外出的时候，给他送去一只蒸熟的小猪。孔子也探听到阳货不在家，才去答谢。在这个时候，阳货如果先去看孔子，孔子哪会不去看他？曾子说：'耸起两肩，做着讨好的笑脸，这比夏天在菜地里干活还要累。'子路说：'志趣不合还要交谈，脸上又表现出惭愧的脸色，这种人，我是不赞成的。'由此看来，君子平日如何修养，就可以知道了。"

6.8　戴盈之[①]曰："什一，去关市之征，今兹[②]未能，请轻之，以待来年，然后已，何如？"

孟子曰："今有人日攘[③]其邻之鸡者，或告之曰：'是非君子之道。'曰：'请损之，月攘一鸡，以待来年，然后已。'如知其非义，斯速已矣，何待来年？"

【注释】

①戴盈之：人名，宋国大夫。②兹：年。③攘：偷。

【译文】

戴盈之说："税率十分抽一，免除关卡和商品的赋税，今年还办不到。先减轻一些，等到明年，然后完全实行，怎么样？"

孟子说："现在有一个人每天偷邻居家一只鸡，有人告诉他说：'这不是正派人的行为。'他就说：'预备减少一些，先每月偷一只，等到明年，就不再偷了。'如果知道这种行为不合道义，便赶快停止算了，为什么要等到明年呢？"

6.9 公都子[①]曰："外人皆称夫子好辩，敢问何也？"

孟子曰："予岂好辩哉？予不得已也。天下之生久矣，一治一乱。当尧之时，水逆行，泛滥于中国，蛇龙居之，民无所定；下者为巢，上者为营窟[②]。《书》曰：'洚[③]水警余。'洚水者，洪水也。使禹治之。禹掘地而注之海，驱蛇龙而放之菹[④]；水由地中行，江、淮、河、汉是也。险阻既远，鸟兽之害人者消，然后人得平土而居之。

"尧舜既没，圣人之道衰，暴君代作，坏宫室以为污池，民无所安息；弃田以为园囿，使民不得衣食。邪说暴行又作，园囿、污池、沛泽多而禽兽至。及纣之身，天下又大乱。周公相武王诛纣，伐奄三年讨其君，驱飞廉于海隅而戮之，灭国者五十，驱虎、豹、犀、象而远之，天下大悦。《书》曰：'丕显哉，文王谟！丕承哉，武王烈！佑启我后人，咸以正无缺。'

"世衰道微，邪说暴行有作，臣弑其君者有之，子弑其父者有之。孔子惧，作《春秋》。《春秋》，天子之事也。是故孔子曰：'知我者其惟《春秋》乎！罪我者其惟《春秋》乎！'

"圣王不作，诸侯放恣，处士横议，杨朱、墨翟[⑤]之言盈天下。天下之言不归杨，则归墨。杨氏为我，是无君也；墨氏兼爱，是无父也。无父无君，是禽兽也。公明仪曰：'庖有肥肉，厩有肥马，民有饥色，野有饿莩，此率兽而食人也。'杨墨之道不息，孔子之道不著，是邪说诬民，充塞仁义也。仁义充塞，则率兽食人，人将相食。吾为此惧，闲先圣之道，距杨墨，放淫辞，邪说者不得作。作于其心，害于其事；作于其事，害于其政。圣人复起，不易吾言矣。

“昔者禹抑洪水而天下平，周公兼夷狄、驱猛兽而百姓宁，孔子成《春秋》而乱臣贼子惧。《诗》云：‘戎狄是膺，荆舒是惩，则莫我敢承[6]。’无父无君，是周公所膺也。我亦欲正人心，息邪说，距诐行，放淫辞，以承三圣者，岂好辩哉？予不得已也。能言距杨墨者，圣人之徒也。”

【注释】

① 公都子：孟子弟子。② 营窟：窟穴。③ 洚：同“洪”。④ 菹(jù)：水草丛生的沼泽。⑤ 墨翟：墨家创始人。墨家学说的主要内容有兼爱、非攻、尚贤。墨学在当时影响很大，与儒家并称“显学”，在当时的百家争鸣，有“非儒即墨”之称。⑥ 承：抵御之意。

【译文】

公都子说：“别人都说您喜欢辩论，请问，为什么呢？”

孟子说：“我难道喜欢辩论吗？我是不得已啊。人类社会产生很久了，时而太平，时而动乱。当尧的时候，大水横流，到处泛滥，大地上蛇龙盘踞，人们无处安身；处于低处的人在树上搭巢，处于高处的人就建造洞穴。《尚书》中说：‘洚水警诫我们。’洚水是什么呢？就是洪水。于是尧派禹治水。禹疏通河道，使水都流到大海里，把蛇和龙赶到沼泽里，水顺着河道流动，长江、淮河、黄河、汉水就是这样。危险既已消除，害人的鸟兽也没有了，然后百姓才能够在平地上居住。

“尧舜去世后，圣人之道逐渐衰落，暴君不断出现，他们毁坏民宅来做深池，使百姓无处安身；破坏农田来做园林，使百姓不能得到衣食。荒谬的学说、残暴的行为随之兴起，园林、深池、沼泽多了起来，禽兽聚集而来。到商纣的时候，天下又大乱。周公辅佐武王，把纣王杀了，又讨伐奄国，三年之后又把奄君杀掉了，并把飞廉赶到海边杀掉，被灭的国家一共五十个，把老虎、豹子、犀牛、大象赶到远方，天下的百姓非常高兴。《尚书》中说：'文王的谋略多么光明！武王的功烈多么伟大！帮助启迪我们后人，都能正直而没有缺失。'

"后来，世风日下，王道衰微，荒谬的学说、残暴的行为又纷纷出现，有臣子杀死君王的，也有儿子杀死父亲的。孔子深为忧虑，就写了《春秋》。(《春秋》对历史人物做评价，)这本来是天子的职权，(孔子不得已而做了。)所以孔子说：'了解我的，大概就在于《春秋》这部著作吧！责骂我的，大概也就在于《春秋》这部著作吧！'

"(自那以后)圣王不再出现，诸侯无所忌惮，一般士人也乱发议论，杨朱、墨翟的学说充满天下。天下的言论，不是归向杨朱，就是归向墨翟。杨朱宣扬为我，这是目无君上；墨翟宣扬兼爱，这是目无父母。目无君上，目无父母，就是禽兽。公明仪说过：'厨房里有肥肉，马厩里有肥马，但是，老百姓脸上有饥色，野外躺着饿死的尸体，这就是率领着禽兽来吃人。'杨朱、墨翟的学说不消灭，孔子的学说就无法发扬，这就是荒谬的学说欺骗了百姓，而阻塞了仁义的道路。仁义的道路被阻塞，也就等于率领禽兽来吃人，人与人也将互相残杀。我因而深为忧虑，便出来捍卫古代圣人的学说，反对杨墨的学说，驳斥错误的言论，使那些宣传邪说的人不再得势。那种荒谬的学说，从心里产生出来，便会危害工作；表现在工作中，就会危害政治。即使圣人再度兴起，也会赞同我的说法。

"从前，大禹治水，使天下太平；周公兼并了夷狄，赶跑了猛兽，百姓才得到安宁；孔子作了《春秋》，使乱臣贼子感到害怕。《诗经》中说：‘攻击戎狄，痛惩荆舒，没有谁敢抗拒我。’像杨、墨这样目无君上、目无父母的人，正是周公所要惩罚的。我也要端正人心，消灭邪说，反对偏激的行为，驳斥荒唐的言论，从而继承大禹、周公、孔子三位圣人的事业，我难道是喜欢辩论吗？我是不得已啊。能够以言论来反对杨墨的，也就是圣人的信徒了。”

6.10 匡章[①]曰：“陈仲子[②]岂不诚廉士哉？居於陵，三日不食，耳无闻，目无见也。井上有李，螬食实者过半矣，匍匐往，将食之；三咽，然后耳有闻，目有见。”

孟子曰：“于齐国之士，吾必以仲子为巨擘[③]焉。虽然，仲子恶能廉？充仲子之操，则蚓而后可者也。夫蚓，上食槁壤，下饮黄泉。仲子所居之室，伯夷之所筑与？抑亦盗跖[④]之所筑与？所食之粟，伯夷之所树与？抑亦盗跖之所树与？是未可知也。”

曰：“是何伤哉？彼身织屦，妻辟纑[⑤]，以易之也。”

曰：“仲子，齐之世家也。兄戴，盖禄万钟，以兄之禄为不义之禄而不食也，以兄之室为不义之室而不居也，辟[⑥]兄离母，处于於陵。他日归，则有馈其兄生鹅[⑦]者，已频顣[⑧]曰：‘恶用是鶃鶃[⑨]者为哉？’他日，其母杀是鹅也，与之食之。其兄自外至，曰：‘是鶃鶃之肉也。’出而哇之。以母则不食，以妻则食之；以兄之室则弗居，以於陵则居之，是尚为能充其类也乎？若仲子者，蚓而后充其操者也。”

【注释】

① 匡章：齐国名将。② 陈仲子：齐国人。③ 巨擘（bò）：大拇指，引申为在某一方面杰出的人或事物。④ 盗跖（zhí）：春秋时有名大盗，柳下惠的兄弟。⑤ 辟纑（lú）：辟，绩麻。纑，练麻。⑥ 辟：同“避”。⑦ 鹅：一种家禽。⑧ 频顣：即颦蹙，不愉快的样子。⑨ 鶂鶂（yì）：鹅叫声。

【译文】

匡章说：“陈仲子难道不是一个真正廉洁的人吗？住在於陵，三天没有吃东西，耳朵没有了听觉，眼睛没有了视觉。井上有个李子，被虫子已经吃掉了大半，他爬过去，拿来吃，吞了三口，耳朵才有了听觉，眼睛才有了视觉。”

孟子说：“在齐国人中间，我一定把仲子看作首屈一指的人物。但是，他怎么能叫作廉洁呢？要推广仲子的所作所为，那只有把人变成蚯蚓之后才能办到。蚯蚓，在地上吃干土，在地下喝泉水。仲子所住的房屋，是像伯夷那样廉洁的人所建筑的呢？还是像盗跖那样的强盗所建筑的呢？他所吃的谷米，是像伯夷那样廉洁的人所种植的呢？还是像盗跖那样的强盗种植的呢？这些还都不知道。”

匡章说：“那有什么关系呢？他亲自编草鞋，妻子纺麻线，用这些来交换。”

孟子说：“仲子是齐国的宗族世家。他哥哥陈戴，从盖邑获得的俸禄便有几万石之多。他却认为他哥哥的俸禄是不义之物，而不去吃；以他哥哥的房屋为不义之室，而不去住。避开哥哥，离开母亲，住在於陵。有一天回到家里，恰巧有一个人送给了他哥哥一只活鹅，他皱着眉头说：‘要这种嘎嘎叫的东西做什么呢？’过了几天，他母亲杀了这只鹅，给他吃了。恰巧他哥哥从外面回来，便说：‘这就是那嘎嘎叫的东西的肉。’他连忙跑出门去，‘哇’的一声吐出来。母亲的食物不吃，却吃妻子的；哥哥的房屋不住，却住在於陵，这能算是完全实现廉洁了吗？像仲子这样，只有把人变成蚯蚓才能实现他的操守。”

离娄上

7.1　孟子曰：“离娄[1]之明、公输子[2]之巧，不以规矩，不能成方圆；师旷[3]之聪，不以六律[4]，不能正五音[5]；尧舜之道，不以仁政，不能平治天下。今有仁心仁闻而民不被其泽、不可法于后世者，不行先王之道也。故曰：徒善不足以为政，徒法不能以自行。《诗》云：‘不愆[6]不忘，率由旧章。’遵先王之法而过者，未之有也。圣人既竭目力焉，继之以规矩准绳，以为方员平直，不可胜用也；既竭耳力焉，继之以六律正五音，不可胜用也；既竭心思焉，继之以不忍人之政，而仁覆天下矣。故曰，为高必因丘陵，为下必因川泽；为政不因先王之道，可谓智乎？是以惟仁者宜在高位。不仁而在高位，是播其恶于众也。上无道揆也，下无法守也，朝不信道，工不信度，君子犯义，小人犯刑，国之所存者幸也。故曰，城郭不完，兵甲不多，非国之灾也；田野不辟，货财不聚，非国之害也。上无礼，下无学，贼民兴，丧无日矣。《诗》曰：‘天之方蹶，无然泄泄。’泄泄犹沓沓也。事君无义，进退无礼，言则非先王之道者，犹沓沓也。故曰，责难于君谓之恭，陈善闭邪谓之敬，吾君不能谓之贼。”

【注释】

① 离娄：相传是黄帝时一个视力特别好的人。② 公输子：即公输班，春秋末年鲁国人，故又称鲁班，是古代著名的建筑工匠。③

师旷：春秋时晋平公的乐师，名旷，相传他的辨音能力特别强。④ 六律：指十二律中的六个阳律。⑤ 五音：中国古代音乐所定的五个音阶。⑥ 愆（qiān）：过失。

【译文】

孟子说："即使有离娄那样的眼力、公输子那样的巧技，不靠圆规和曲尺，也画不出（标准的）方形和圆形；即使有师旷那样的听力，不靠六律，也不能校正五音；即使有尧、舜之道，不行仁政，也不能使天下太平。现在有些诸侯有了仁爱之心和仁爱的名声，但百姓没有受到他的恩泽，不能被后世效法，那就是他没有实行先王之道的缘故。所以说：只有善心不足以治理好国家，只有良法也不能自己运行。《诗经》中说：'不犯错误，不要遗忘，完全遵循旧规章。'遵循先王的法度犯错误，这是从来没有的事。圣人竭尽了目力，接着用圆规、曲尺、水准器、墨线，来制作方的、圆的、平的、直的东西，这些东西就用不尽了；圣人竭尽了耳力，接着用六律来校正五音，五音就运用无穷了；圣人竭尽了心思，接着又施行仁政，仁德就遍布天下了。所以说，筑高台，一定要凭借山陵，挖深池，一定要凭借河泽；执掌国政不凭借先王之道，能说是聪明吗？因此，只有仁人才应该处在高位。不仁的人处在高位，就会把他的邪恶传播给众人。在上的不依照义理度量事物，在下的不用法度约束自己，朝廷不信仰道义，官吏不信仰法度，君子触犯理义，小人触犯刑律，国家如果还能生存，只是由于侥幸罢了。所以说，城墙不坚固，军队不够多，不是国家的灾难；土地没有扩大，财富没有积聚，不是国家的祸患。在上不讲礼义，在下不学礼义，作恶的百姓日益增多，国家离灭亡就不远了。《诗经》中说：'上天正在降灾祸，不要多嘴又多舌。’多嘴多舌，就是指说话放肆随便。侍奉君主不讲义，一举一动不合礼，张口就诋毁先王之道，便是放肆随便。所以说，责求君王施行仁政，这叫恭敬，向君王陈述好的意见，堵塞他的邪念，这叫尊重，认为国君不能为善而放弃努力，这叫作贼。”

7.2　孟子曰：“规矩，方员之至也；圣人，人伦之至也。欲为君，尽君道；欲为臣，尽臣道。二者皆法尧舜而已矣。不以舜之所以事尧事君，不敬其君者也；不以尧之所以治民治民，贼其民者也。孔子曰：‘道二，仁与不仁而已矣。’暴其民甚，则身弑国亡；不甚，则身危国削，名之曰‘幽’‘厉’[1]**，虽孝子慈孙，百世不能改也。《诗》云：‘殷鉴不远，在夏后之世。’此之谓也。”**

【注释】

① 幽、厉：谥号名。评价君王的恶谥。

【译文】

孟子说：“圆规、曲尺，是方和圆的最高标准；圣人，是做人的最高典范。想成为好君主，就要尽到国君之道；想成为好臣子，就要尽到臣子之道。二者都效法尧、舜就行了。不用舜侍奉尧的态度来侍奉君主，就是不敬重君主；不用尧治理百姓的方法来治理百姓，就是残害百姓。孔子说：‘道路只有两条，仁和不仁罢了。’对百姓残暴太过分，就会自身被杀、国家灭亡；即使不太过分，也会自身危险、国家削弱，死后被加上‘幽’‘厉’这类谥号，即使他有孝顺的子孙，百代后也无法更改。《诗经》中说：‘殷朝可资借鉴的经验教训并不远，就在前代的夏朝。’说的就是这种情况。”

7.3　孟子曰："三代之得天下也以仁，其失天下也以不仁。国之所以废兴存亡者亦然。天子不仁，不保四海；诸侯不仁，不保社稷；卿大夫不仁，不保宗庙；士庶人不仁，不保四体。今恶死亡而乐不仁，是犹恶醉而强酒。"

【译文】

孟子说："夏、商、周三代得天下是由于仁；他们失掉天下是由于不仁。国家兴衰存亡的道理，也是这样。天子不仁，不能保住天下；诸侯不仁，不能保住国家；卿大夫不仁，不能保住宗庙；士人和百姓不仁，不能保住自身。如果害怕死亡，却又乐意干不仁的事，这就像害怕醉酒却偏要喝酒一样。"

7.4　孟子曰："爱人不亲，反其仁；治人不治，反其智；礼人不答，反其敬。行有不得者皆反求诸己，其身正而天下归之。《诗》云：'永言配命，自求多福。'"

【译文】

孟子说："爱人却不能使人亲近，就要反省自己的仁；管理别人没有管理好，就要反省自己的智；礼貌待人却得不到回应，就要反省自己的敬。行为没有达到预期的效果，都要反省检讨自己，自身端正了，天下的人都会归附。《诗经》中说：'永远配合天命，自己求来多福。'"

7.5　孟子曰："人有恒言，皆曰：'天下国家。'天下之本在国，国之本在家，家之本在身。"

【译文】

孟子说：“大家有句常说的话，都这么说：‘天下国家。’天下的根本是国，国的根本是家，而家的根本则是个人。”

7.6 孟子曰：“为政不难，不得罪于巨室[①]。巨室之所慕，一国慕之；一国之所慕，天下慕之，故沛然德教溢乎四海。”

【注释】

①巨室：世臣大家。

【译文】

孟子说：“治理国家不难，不要得罪那些有影响的世臣大家。因为他们所仰慕的，一国人都会仰慕；一国人所仰慕的，天下人都会仰慕，因此德教就可以浩浩荡荡地充溢于天下了。”

7.7 孟子曰：“天下有道，小德役[①]大德，小贤役大贤；天下无道，小役大，弱役强。斯二者，天也。顺天者存，逆天者亡。齐景公曰：‘既不能令，又不受命，是绝物也。’涕出而女[②]于吴。今也小国师大国而耻受命焉，是犹弟子而耻受命于先师也。如耻之，莫若师文王。师文王，大国五年，小国七年，必为政于天下矣。《诗》云：‘商之孙子，其丽[③]不亿。上帝既命，侯[④]于周服。侯服于周，天命靡常。殷士肤[⑤]敏，裸[⑥]将[⑦]于京[⑧]。’孔子曰：‘仁不可为众也。夫国君好仁，天下无敌。’今也欲无敌于天下而不以仁，是犹执热而不以濯也。《诗》云：‘谁能执热，逝[⑨]不以濯？’”

【注释】

①役：役于，被役。②女：嫁。③丽：数。④侯：乃，于是。⑤肤：美。⑥祼（guàn）：古代祭祀中的一种仪节，把郁鬯之酒倒在地上以迎接鬼神。⑦将：助。⑧京：周朝都会镐京。⑨逝：发语词，无义。

【译文】

孟子说："政治清明的时候，道德不高的人为道德高的人所役使，不太贤能的人为非常贤能的人所役使；政治黑暗的时候，力量小的为力量大的所役使，弱的为强的所役使。这两种情况都是由天决定的。顺从天意就能生存，违背天意就会灭亡。齐景公曾经说过：'既然不能命令别人，又不接受别人的命令，就是死路一条。'因此流着眼泪把女儿嫁到吴国去。如今弱小国家以强大国家为师，却以接受命令为耻，这好比学生以接受老师的命令为耻一样。如果真以为耻，最好以文王为师。以文王为师，强大国家只需要五年，较小国家也只需要七年，必定能统治天下。《诗经》中说：'商代的子孙，数目何止十万。上天既已授命于文王，他们便都成为周朝的臣下。他们都成为周朝的臣下，可见天命不是固定的。殷代的臣子也都漂亮聪明，执行灌酒的礼节助祭于周京。'孔子也说过：'仁德的力量，是不能拿人多人少来计算的。君主如果爱好仁，就会天下无敌。'如今一些诸侯想要天下无敌，却又不行仁政，这好比热得难受却不肯洗澡一样。《诗经》中说：'谁能热得难受，不去洗个澡呢？'"

7.8　孟子曰："不仁者可与言哉？安其危而利其菑，乐其所以亡者。不仁而可与言，则何亡国败家之有？有孺子歌曰：

‘沧浪[①]之水清兮，可以濯我缨；沧浪之水浊兮，可以濯我足。’孔子曰：‘小子听之！清斯濯缨，浊斯濯足矣。自取之也。’夫人必自侮，然后人侮之；家必自毁，而后人毁之；国必自伐，而后人伐之。《太甲》曰：‘天作孽，犹可违；自作孽，不可活。’此之谓也。”

【注释】

①沧浪：水名，汉水支流。

【译文】

孟子说：“不仁的人，还能同他商议吗？他们眼见别人的危险，无动于衷，利用别人的灾难来取利，把荒淫暴虐这些足以导致亡国败家的事情当作快乐来追求。不仁的人如果还可以同他商议，那怎么会发生亡国败家的事情呢？从前有个小孩歌唱道：‘沧浪的水清呀，可以洗我的帽缨；沧浪的水浊呀，可以洗我的双脚。’孔子说：‘学生们听着！水清就洗帽缨，水浊就洗脚，这都是由水本身决定的。’所以人一定是自取其辱，别人才侮辱他；家一定是自取毁坏，别人才毁坏它；国一定是自招讨伐，别人才讨伐它。《尚书·太甲篇》说：‘上天降灾，还可躲避；自己作孽，无处可逃。’正是这个意思。”

7.9　孟子曰：“桀纣之失天下也，失其民也。失其民者，失其心也。得天下有道，得其民，斯得天下矣。得其民有道，得其心，斯得民矣。得其心有道，所欲与之聚之，所恶勿施，尔[①]也。民之归仁也，犹水之就下、兽之走圹[②]也。故为渊驱鱼者，獭也；为丛驱爵[③]者，鹯也；为汤武驱民者，桀与纣也。今天下之君有好仁者，则诸侯皆为之驱矣。虽欲无王，

不可得已。今之欲王者，犹七年之病求三年之艾也。苟为不畜，终身不得。苟不志于仁，终身忧辱，以陷于死亡。《诗》云：‘其何能淑[4]，载胥及溺。’此之谓也。”

【注释】

①尔：如此，罢了。②圹：同“旷”，旷野。③爵：同“雀”。④淑：善，好。

【译文】

孟子说：“桀和纣之所以失天下，是因为失去了人民。之所以失去人民，是由于失去了民心。获得天下有办法，获得了人民，便获得天下。获得人民有办法，获得了民心，便可获得人民。获得民心有办法，他们想要的，替他们聚积起来；他们厌恶的，不要强加给他们，如此罢了。百姓向仁德仁政归附，正好比水向下流、兽向旷野奔走一样。所以替深渊把鱼赶来的是水獭，替森林把鸟雀赶来的是鹞鹰，替商汤、周武把百姓赶来的是夏桀和殷纣。现在的诸侯如果有好仁的人，那其他诸侯都会替他把百姓赶过来。即使不想统一天下，也是做不到的。但是今天这些希望统一天下的人，就好像害了七年的病要用三年的陈艾来医治，如果平常不积蓄，终身都得不到。如果不行仁政，终身都会忧愁受辱，一直到死亡。《诗经》中说：‘怎能做得好，只能一起溺水了。’也正是这个意思。”

7.10　孟子曰：“自暴[1]者，不可与有言也；自弃者，不可与有为也。言非[2]礼义，谓之自暴也；吾身不能居仁由义，谓之自弃也。仁，人之安宅也；义，人之正路也。旷安宅而弗居，舍正路而不由，哀哉！”

【注释】

①暴：损害。②非：破坏，诋毁。

【译文】

孟子说："损害自己的人，和他没什么好说的；放弃自己的人，和他没有什么好做的。言谈诋毁礼义，这便叫作自己损害自己；自认为不能守仁行义，这便叫作放弃自己。仁是人安稳的住宅，义是人正确的道路。空着安稳的住宅不住，舍弃正确的道路不行，可悲啊！"

7.11　孟子曰："道在迩而求诸远，事在易而求诸难。人人亲其亲、长其长，而天下平。"

【译文】

孟子说："道在近处却往远处寻找，事情本来容易却往难处做。只要每个人亲爱自己的双亲，尊敬自己的长辈，天下就太平了。"

7.12　孟子曰："居下位而不获于上，民不可得而治也。获于上有道，不信于友，弗获于上矣；信于友有道，事亲弗悦，弗信于友矣；悦亲有道，反身不诚，不悦于亲矣；诚身有道，不明乎善，不诚其身矣。是故诚者，天之道也；思诚者，人之道也。至诚而不动者，未之有也；不诚，未有能动者也。"

【译文】

孟子说："身居下位而不能获得上级的信任，是不能够把百姓治理好的。要得到上级的信任有方法，如果不能获得朋友的信任，也就不能获得上级的信任了；要使朋友相信有方法，如果侍奉父母而不能使父母高兴，就不能获得朋友的信任；要使父母高兴有方法，反躬自问，如果心意不诚，也就不能使父母高兴了；要使自己诚心诚意也有方法，如果不明白什么是善，也就不能使自己诚心诚意了。所以诚是天的原则；追求诚是做人的原则。真诚至极而不能使别人感动，是从来没有过的；不真诚，是绝对不能感动人的。”

7.13 孟子曰：“伯夷辟纣，居北海之滨①，闻文王作，兴曰：‘盍归乎来！吾闻西伯②善养老者。’太公辟纣，居东海之滨，闻文王作，兴曰：‘盍归乎来！吾闻西伯善养老者。’二老者，天下之大老也，而归之，是天下之父归之也。天下之父归之，其子焉往？诸侯有行文王之政者，七年之内，必为政于天下矣。”

【注释】

①北海之滨：今濒临渤海的河北省昌黎县一带。②西伯：即周文王。

【译文】

孟子说：“伯夷躲避商纣，住在北海海边，听说文王兴起，就说：‘何不去归附呢！我听说他善于奉养老人。’姜太公避开纣王，住在东海海边，听说文王兴起，就说：‘何不去归附呢！我听说他善于奉养老人。’伯夷和太公两位老人，是天下最有声望的老人，都归附于西伯，这等于天下的父亲都归于西伯了。天下的父亲都去了，他们儿子还有哪里可去呢？如果诸侯中间有实行文王之政的，七年之内，必能执掌天下。”

7.14 孟子曰：“求也为季氏宰，无能改于其德，而赋粟

倍他日。孔子曰：‘求非我徒也，小子鸣鼓而攻之可也。’由此观之，君不行仁政而富之，皆弃于孔子者也，况于为之强战？争地以战，杀人盈野；争城以战，杀人盈城，此所谓率土地而食人肉，罪不容于死。故善战者服上刑①，连诸侯者②次之，辟草莱、任土地者次之。”

【注释】

①上刑：重刑。②连诸侯者：指宣传合纵连横的人，如苏秦、张仪等。

【译文】

孟子说：“冉求做季康子的总管，不能改变他的行为，反而把田赋增加了一倍。孔子说：‘冉求不是我的学生，你们可以大张旗鼓地攻击他。’从这里看来，君主不实行仁政，反而去帮助他聚敛财富的人，都是被孔子所唾弃的，何况替那些不仁的君主努力作战的人呢？为争夺土地而战，杀死的人遍野；为争夺城池而战，杀死的人满城，这就是为争夺土地而残害百姓，死刑都不足以救赎他们的罪过。所以好战的人应该受最重的刑罚，从事合纵连横的人该受次一等的刑罚，开垦荒地、扰乱田制的人受再次一等的刑罚。”

7.15　孟子曰：“存①乎人者，莫良于眸子。眸子不能掩其恶。胸中正，则眸子了②焉；胸中不正，则眸子眊③焉。听其言也，观其眸子，人焉廋④哉？”

【注释】

①存：察。②了：明亮。③眊（mào）：蒙蒙不明。④廋（sōu）：藏匿，隐藏。

【译文】

孟子说："观察一个人，没比观察他的眼睛更好的了。因为眼睛不能遮盖一个人的丑恶。心正，眼睛就明亮；心不正，眼睛就昏暗。听一个人说话的时候，注意观察他的眼睛，这人的善恶又能往哪里隐藏呢？"

7.16　孟子曰："恭者不侮人，俭者不夺人。侮夺人之君，惟恐不顺焉，恶得为恭俭？恭俭岂可以声音笑貌为哉？"

【译文】

孟子说："恭敬别人的人不会侮辱别人，自己节俭的人不会掠夺别人。有些诸侯，一味侮辱别人，掠夺别人，只怕别人不顺从自己，如何能做到恭敬和节俭呢？恭敬和节俭这两种品德难道是可以只凭好听的声音和笑脸装得出来的吗？"

7.17　淳于髡①曰："男女授受不亲，礼与？"

孟子曰："礼也。"

曰："嫂溺，则援之以手乎？"

曰："嫂溺不援，是豺狼也。男女授受不亲，礼也；嫂溺，援之以手者，权②也。"

曰："今天下溺矣，夫子之不援，何也？"

曰："天下溺，援之以道；嫂溺，援之以手。子欲手援天下乎？"

【注释】

①淳于髡（kūn）：姓淳于，名髡，齐国人。②权：权变，变通。

【译文】

淳于髡问："男女之间，不亲手递接东西，这是礼制吗？"

孟子答道："是礼制。"

淳于髡问："那么，假如嫂嫂掉到水里，应该用手去拉她吗？"

孟子答道："嫂嫂掉在水里不去拉她，这简直是豺狼。男女之间不亲手递接，这是正常的礼制；嫂嫂掉在水里要用手去拉她，这是变通的办法。"

淳于髡问："现在天下的人都掉在水里了，您不去救援，又是什么缘故呢？"

孟子答道："天下的人都掉在水里了，要用'道'去救援；嫂嫂掉在水里了，用手去救援。你难道要我用手去救援天下的人吗？"

7.18　公孙丑曰："君子之不教子，何也？"

孟子曰："势不行也。教者必以正；以正不行，继之以怒。继之以怒，则反夷①矣。'夫子教我以正，夫子②未出于正也。'则是父子相夷也。父子相夷，则恶矣。古者易子而教之，父子之间不责善。责善则离，离则不祥莫大焉。"

【注释】

①夷：伤害。②夫子：指父亲。

【译文】

公孙丑问："君子不自己教育自己的儿子，为什么呢？"

孟子答道："由于情势行不通。教育一定要用正理正道，用正理正道而无效，就会发怒。一发怒，就伤感情了。'您拿正理正道教我，您的所作所为却不出于正理正道。'这样父子之间就伤了感情。父子之间伤了感情，就不好了。古时候人们互相交换儿子来教育，父子之间不求全责备。求全责备会使父子疏远，父子疏远，没有比这更不好的了。”

7.19　孟子曰：“事孰为大？事亲为大。守孰为大？守身为大。不失其身而能事其亲者，吾闻之矣；失其身而能事其亲者，吾未之闻也。孰不为事？事亲，事之本也。孰不为守？守身，守之本也。曾子养曾皙①，必有酒肉。将彻，必请所与。问有余，必曰有。曾皙死，曾元②养曾子，必有酒肉。将彻，不请所与。问有余，曰亡矣，将以复进也。此所谓养口体者也。若曾子，则可谓养志也。事亲若曾子者，可也。”

【注释】

①曾皙：名点，曾子之父，也是孔子学生。②曾元：曾子之子。

【译文】

孟子说：“侍奉谁最重要？侍奉父母最重要。守护什么最重要？守护自己最重要。自己的品质节操无所失，又能侍奉父母的，我听说过；自己的品质节操已经陷于不义了，却能够侍奉父母的，我没有听说过。侍奉的事都应该做，但是，侍奉父母是根本；守护的事都应该做，但是，守护自己的品质节操是根本。从前曾子奉养他的父亲曾皙，每顿饭一定都有酒有肉。撤除的时候，一定要问，剩下的给谁。曾皙若问还有剩余吗，一定回答有。曾皙死了，曾元奉养曾子，也一定有酒有肉。撤除的时候，就不问剩下的给谁了。曾子若问还有剩余吗，就说没有了，意思是留下下次再吃。这个叫作口体之养。至于曾子对父亲，才可以叫作顺从亲意之养。侍奉父母做到像曾子那样就可以了。”

7.20　孟子曰：“人不足与适[1]也，政不足间[2]也；惟大人为能格君心之非。君仁，莫不仁；君义，莫不义；君正，莫不正。一正君而国定矣。”

【注释】

①适：同“谪”，谴责，指责。②间：非议。

【译文】

孟子说：“那些当政的小人不值得去谴责，他们的政治也不值得去非议；只有大人才能够纠正君主的不正确思想。君主仁，没有人不仁；君主义，没有人不义；君主正，没有人不正。一旦君主端正了，国家也就安定了。”

7.21　孟子曰：“有不虞[1]之誉，有求全之毁。”

【注释】

①虞：预料。

【译文】

孟子说：“有意料不到的赞扬，也有过于苛求的诋毁。”

7.22　孟子曰：“人之易[1]其言也，无责耳矣。”

【注释】

①易：轻易。

【译文】

孟子说：“一个人轻易发表言论，是没有责任心的缘故。”

7.23　孟子曰：“人之患在好为人师。”

【译文】

孟子说：“人的毛病在于喜欢做别人的老师。”

7.24　乐正子从于子敖之齐。

乐正子见孟子。孟子曰：“子亦来见我乎？”

曰：“先生何为出此言也？”

曰：“子来几日矣？”

曰：“昔者。”

曰：“昔者，则我出此言也，不亦宜乎？”

曰：“舍馆①未定。”

曰：“子闻之也，舍馆定，然后求见长者乎？”

曰：“克有罪。”

【注释】

①舍馆：住所，客舍。

【译文】

乐正子跟随着王子敖到了齐国。

乐正子去见孟子。孟子问：“你也会来看我啊？”

乐正子回答：“老师为什么说这样的话呢？”

孟子问：“你来了几天了？”

回答：“昨天。”

孟子说：“昨天，那么，我说这样的话不也应该吗？”

乐正子说：“住所没有找好。”

孟子说：“你听说过，要住所找好了才来求见长辈吗？”

乐正子说："我错了。"

7.25　孟子谓乐正子曰："子之从于子敖来，徒餔啜[1]也。我不意子学古之道而以餔啜也。"

【注释】

①餔啜（bū chuò）：吃喝。

【译文】

孟子对乐正子说："你跟随着子敖来，只是为了吃喝罢了。我没想到你学习古人的大道，竟然是为了吃喝。"

7.26　孟子曰："不孝有三，无后为大。舜不告而娶，为无后也，君子以为犹告也。"

【译文】

孟子说："不孝顺父母的事有三种，其中以没有子孙为最重要。舜不事先禀告父母就娶妻，为的是怕没有子孙，因此君子认为他虽没有禀告父母，实际上同禀告了一样。"

7.27　孟子曰："仁之实，事亲是也；义之实，从兄是也；智之实，知斯二者弗去是也；礼之实，节文斯二者是也；乐之实，乐斯二者，乐则生矣。生则恶可已也，恶可已，则不知足之蹈之手之舞之。"

【译文】

孟子说："仁的实质是侍奉父母；义的实质是顺从兄长；智的实质是明白这两者的道理而坚持下去；礼的实质是对这两者既能合宜

地加以调节，又能适当地加以修饰；乐的实质是从这两者中得到快乐，快乐由此而生了。快乐一发生就无法停止，无法停止就会情不自禁地手舞足蹈起来了。”

7.28　孟子曰：“天下大悦而将归己，视天下悦而归己，犹草芥也，惟舜为然。不得乎亲，不可以为人；不顺乎亲，不可以为子。舜尽事亲之道而瞽瞍①底豫②，瞽瞍底豫而天下化，瞽瞍底豫而天下之为父子者定。此之谓大孝。”

【注释】

①瞽瞍：舜的父亲。②底豫：得以快乐。

【译文】

孟子说：“天下的人都非常高兴而要来归顺自己，把天下人高兴地归顺自己看成草芥一样，只有舜是如此。不能得到父母的欢心，不可以做人；不能顺从父母的旨意，不能做儿子。舜竭尽一切心力来侍奉父母，结果他父亲瞽瞍变得高兴了；瞽瞍高兴了，天下的人也受到感化；瞽瞍高兴了，天下父子之间的伦常也由此确定了。这便叫作大孝。”

离娄下

8.1　孟子曰：“舜生于诸冯，迁于负夏，卒于鸣条[1]，东夷之人也。文王生于岐周[2]，卒于毕郢[3]，西夷之人也。地之相去也，千有余里；世之相后也，千有余岁。得志行乎中国，若合符节[4]，先圣后圣，其揆一也。”

【注释】

①诸冯、负夏、鸣条：古地名，地点不详。②岐周：周，周代国名。岐，岐山，在今陕西省岐山县东北。③毕郢：即毕程，在今陕西省咸阳市东。④符节：古代表示印信之物。

【译文】

孟子说：“舜出生在诸冯，迁居到负夏，死在鸣条，是东夷人。文王生在岐周，死在毕郢，是西夷人。两地相隔一千多里；时代相距一千多年，但是他们得志时，在中国的作为，几乎一模一样，古代的圣人和后代的圣人，他们所遵循的法度是相同的。”

8.2　子产[1]听郑国之政，以其乘舆[2]济人于溱洧[3]。孟子曰：“惠[4]而不知为政。岁十一月，徒杠[5]成；十二月，舆梁成，民未病涉也。君子平其政，行辟[6]人可也，焉得人人而济之？故为政者，每人而悦之，日亦不足矣。”

【注释】

①子产：春秋时郑国的贤相公孙侨，字子产。②乘舆：此处

代指车子。③ 溱洧：郑国的两条河。④ 惠：恩惠。⑤ 杠：独木桥。⑥ 辟：同“避”。

【译文】

子产治理郑国的政治，用自己所乘的车辆帮助别人渡过溱水和洧水。孟子说：“这只是小恩小惠，他并不懂得政治。如果十一月修成走人的桥；十二月修成走车的桥，百姓就不会再为渡河发愁了。做官的人只要处理好政治，他外出，鸣锣开道都可以，哪用得着一个一个地帮助别人渡河呢？所以负责政治的人，一个一个地去讨人欢心，时间也就会不够用了。”

8.3　孟子告齐宣王曰：“君之视臣如手足，则臣视君如腹心；君之视臣如犬马，则臣视君如国人；君之视臣如土芥，则臣视君如寇仇。”

王曰：“礼为旧君有服①，何如斯可为服矣？”

曰：“谏行言听，膏泽下于民；有故而去，则君使人道之出疆，又先于其所往；去三年不反，然后收其田里。此之谓三有礼焉。如此，则为之服矣。今也为臣，谏则不行；言则不听，膏泽不下于民；有故而去，则君搏执之，又极②之于其所往；去之日，遂收其田里。此之谓寇仇。寇仇何服之有？”

【注释】

① 为旧君有服：大夫为侍奉过的君主服丧。② 极：困穷。

【译文】

孟子告诉齐宣王说：“君主看待臣下如同手足，臣下看待君主就如同腹心；君主看待臣下如同犬马，臣下看待君主就如同路人；君主看待臣下如同泥土草芥，臣下看待君主就如同仇敌。”

齐宣王问：“礼制规定，已经离职的臣下要对过去的君主服丧，君主怎样对待臣下，臣下才会为他服丧呢？”

孟子答道：“劝谏，他能听从，建议，他能采纳，政治上的恩惠能惠及老百姓；臣子因故离开，君主一定派人引导送别他离开国境，并且先派人到他要去的地方作一番布置；离开三年还不回来，才收回他的土地房屋。这个叫作三有礼。这样做，臣下就会为他服丧了。如今的臣子，劝谏，不被听从；建议，不被采纳，政治上的恩泽不能惠及百姓；臣子因故离开，君主还把他捆绑起来，臣子到一个地方去，君主还要想方设法使他穷困万分；臣子离开的那一天，就收回他的土地房屋。这个叫作仇敌。对仇敌样的旧君，臣下还服什么丧呢？”

8.4　孟子曰：“无罪而杀士，则大夫可以去；无罪而戮民，则士可以徙。”

【译文】

孟子说：“士人没有罪却被杀掉，那么大夫便可以离开；百姓没有罪却被杀戮，那么士人便可以迁走。”

8.5　孟子曰：“君仁，莫不仁；君义，莫不义。”

【译文】

孟子说：“国君仁，便没有人不仁；国君义，便没有人不义。”

8.6　孟子曰：“非礼之礼，非义之义，大人弗为。”

【译文】

孟子说："不符合礼的礼，不符合义的义，有德行的人是不会做的。"

8.7 孟子曰："中也养不中①，才也养②不才，故人乐有贤父兄也。如中也弃不中，才也弃不才，则贤不肖之相去，其间不能以寸。"

【注释】

① 中：适中。② 养：熏陶。

【译文】

孟子说："道德品质很好的人来教育熏陶道德品质不好的人；有才能的人来教育熏陶没有才能的人，所以人人都乐于有贤能的父兄。如果道德品质很好的人，不去教育熏陶道德品质不好的人，有才能的人，不去教育熏陶没有才能的人，那么，贤能与不肖之间的差别也相近得不能用寸来计量了。"

8.8 孟子曰："人有不为也，而后可以有为。"

【译文】

孟子说："人要有所不为，才能有所为。"

8.9 孟子曰："言人之不善，当如后患何？"

【译文】

孟子说："宣扬别人的不好，招来后患，该怎么办呢？"

8.10　**孟子曰：“仲尼不为已甚者。”**

【译文】

孟子说：“孔子是没有过分言行的人。”

8.11　**孟子曰：“大人者，言不必信，行不必果，惟义所在。”**

【译文】

孟子说：“有德行的人，说话不拘泥于守信，做事不强求结果，一切以义为标准。”

8.12　**孟子曰：“大人者，不失其赤子①之心者也。”**

【注释】

① 赤子：婴儿。

【译文】

孟子说：“有德行的人是不丧失婴儿般纯朴之心的人。”

8.13　**孟子曰：“养生者不足以当大事，惟送死可以当大事。”**

【译文】

孟子说：“奉养父母不算大事，给他们礼葬送终才是真正的大事。”

8.14　**孟子曰：“君子深造之以道，欲其自得之也。自得之，则居之安；居之安，则资①之深；资之深，则取之左右逢其原，故君子欲其自得之也。”**

【注释】

① 资：积蓄。

【译文】

孟子说："君子遵循一定的方法来加深造诣，是希望自己有所收获。自己有所收获，就能够掌握牢固；掌握得牢固，就能够积累深厚；积累得深厚，用起来就能够左右逢源。所以，君子总是希望自己有所收获。"

8.15 孟子曰："博学而详说之，将以反说约也。"

【译文】

孟子说："广博地学习，详细地解说，是为了返回到能简明扼要地说明问题的地步去。"

8.16 孟子曰："以善服人者，未有能服人者也；以善养人，然后能服天下。天下不心服而王者，未之有也。"

【译文】

孟子说："用善来使人服从，没有能够使人服从的；用善来熏陶教化人，这样才能使天下的人都归服。天下人不心服却能称王天下，是从来没有过的事。"

8.17 孟子曰："言无实不祥。不祥之实，蔽贤者当之。"

【译文】

孟子说："凭空说话不好。这个不好的结果，和遮蔽贤德的人一样。"

8.18 徐子[1]曰:“仲尼亟[2]称于水,曰:‘水哉,水哉!’何取于水也?”

孟子曰:“源泉混混[3],不舍昼夜,盈科[4]而后进,放乎四海。有本者如是,是之取尔。苟为无本,七八月之间雨集,沟浍皆盈;其涸也,可立而待也。故声闻[5]过情,君子耻之。”

【注释】

① 徐子:徐辟。② 亟:屡次。③ 混混:滚滚。④ 科:坑。⑤ 闻:名誉。

【译文】

徐子问:“孔子几次称赞水,说:‘水呀,水呀!’他称赞水的什么呢?”

孟子说:“有源头的泉水滚滚地往下流,昼夜不停,把坑洼处注满,又继续向前奔流,一直流到海洋去。有源头的水便像这样,孔子称赞它这一点罢了。假如水没有源头,一到七八月,雨水众多,大小沟渠都满了,但是一会儿也就干涸了。所以名誉超过实际,君子引为耻辱。”

8.19 孟子曰:“人之所以异于禽兽者几希,庶民去之,君子存之。舜明于庶物,察于人伦,由仁义行,非行仁义也。”

【译文】

孟子说:“人和禽兽不同的地方很少,一般百姓舍弃它,君子保存它。舜明察事物,明辨人伦,顺着仁义而行,而不是把仁义作为工具、手段来使用。”

8.20　孟子曰："禹恶旨酒而好善言。汤执中，立贤无方[①]。文王视民如伤，望道而未之见。武王不泄迩[②]，不忘远。周公思兼三王，以施四事；其有不合者，仰而思之，夜以继日；幸而得之，坐以待旦。"

【注释】

①方：常规。②迩：近。

【译文】

孟子说："禹不喜欢美酒，却喜欢善言。汤坚持中正之道，选拔贤人却不拘泥于一定的常规。文王看待百姓好像他们受了伤害一样，追求真理就像未曾见到一样。武王不轻侮在朝廷中的近臣，不遗忘散在四方的远臣。周公想要具有夏、商、周三代君王的美德，来实践禹、汤、文王、武王所行的勋业；如果有不合适的地方，就抬头思考，夜以继日；有幸想通了，便坐着等到天亮，并马上行动。"

8.21　孟子曰："王者之迹熄而《诗》亡，《诗》亡然后《春秋》作。晋之《乘》，楚之《梼杌》，鲁之《春秋》[①]，一也。其事则齐桓、晋文，其文则史。孔子曰：'其义则丘窃取之矣。'"

【注释】

①《乘》《梼杌》《春秋》：古史书名。

【译文】

孟子说："古代圣王采风制度废止了，《诗》也就没有了，《诗》没有了，孔子便创作了《春秋》。晋国的《乘》，楚国的《梼杌》，鲁国的《春秋》，都是一样的。所记载的事情不过如齐桓公、晋文公之类，所用的笔法则是史书的笔法。（至于孔子的《春秋》就不然，）孔子说：

‘《诗经》中褒贬善恶的原则，我私自借来使用了。’”

8.22　孟子曰：“君子之泽[①]五世而斩，小人之泽五世而斩。予未得为孔子徒也，予私淑诸人也。”

【注释】

①泽：影响，遗风。

【译文】

孟子说：“君子的遗风影响五代以后就中断了，小人的遗风也是影响五代以后就中断了。我没有能够作孔子的门徒，我是私下从别人那里学习到孔子的学说的 。”

8.23　孟子曰：“可以取，可以无取，取伤廉；可以与，可以无与，与伤惠；可以死，可以无死，死伤勇。”

【译文】

孟子说：“可以拿，可以不拿，拿了对廉洁有损害；可以施与，可以不施与，施与了对恩惠有损害；可以死，可以不死，死了对勇敢有损害。”

8.24　逢蒙[①]学射于羿[②]，尽羿之道，思天下惟羿为愈己，于是杀羿。孟子曰：“是亦羿有罪焉。”

公明仪曰：“宜若无罪焉。”

曰：“薄乎云尔，恶得无罪？郑人使子濯孺子侵卫，卫使庾公之斯追之。子濯孺子曰：‘今日我疾作，不可以执弓，吾死矣夫！’问其仆曰：‘追我者谁也？’其仆曰：‘庾公之斯也。’

曰：'吾生矣。'其仆曰：'庾公之斯，卫之善射者也；夫子曰吾生，何谓也？'曰：'庾公之斯学射于尹公之他，尹公之他学射于我。夫尹公之他，端人也，其取友必端矣。'庾公之斯至，曰：'夫子何为不执弓？'曰：'今日我疾作，不可以执弓。'曰：'小人学射于尹公之他，尹公之他学射于夫子。我不忍以夫子之道反害夫子。虽然，今日之事，君事也，我不敢废。'抽矢，扣轮，去其金，发乘矢而后反。"

【注释】

① 逄（páng）蒙：羿的学生。后来叛变，帮助寒浞杀羿。② 羿：以善射闻名。

【译文】

古时候，逄蒙跟羿学射箭，完全获得了羿的射箭技巧，他便想，天下的人只有羿比自己强，因此便把羿杀死了。孟子说："这里也有羿的罪过。"

公明仪说："好像没有什么罪过吧。"

孟子说："罪过不大罢了，怎能说一点也没有呢？郑国曾经使子濯孺子侵犯卫国，卫国便派遣庾公之斯来追击他。子濯孺子说：'今天我的病发作了，拿不了弓，我活不成了。'问驾车的人道：'追我的是谁？'驾车的人答道：'庾公之斯。'他便说：'我死不了了。'驾车的人说：'庾公之斯是卫国有名的射手，您反而说死不了，这是什么道理呢？'子濯孺子答道：'庾公之斯跟尹公之他学射，尹公之他又跟我学射。尹公之他是个正派人，他的学生一定也正派。'庾公之斯追上了，问道：'您为什么不拿弓？'子濯孺子说：'今天我的病发作了，拿不了弓。'庾公之斯便说：'我跟尹公之他学射，尹公之他又跟您学射。我不忍心拿您的技巧来伤害您。但是，今天的事是国君交代的，我又不敢不办。’于是抽出箭，向车轮敲了几下，把箭头敲掉，射四箭就回去了。”

8.25　孟子曰：“西子[①]蒙不洁，则人皆掩鼻而过之；虽有恶[②]人，齐戒沐浴，则可以祀上帝。”

【注释】

①西子：西施。②恶：丑。

【译文】

孟子说：“如果西施身上沾染了污垢，别人走过的时候，也会捂着鼻子；即使是面貌丑陋的人，如果斋戒沐浴，也可以祭祀上天。”

8.26　孟子曰：“天下之言性也，则故而已矣。故者以利为本。所恶于智者，为其凿也。如智者若禹之行水也，则无恶于智矣。禹之行水也，行其所无事也。如智者亦行其所无事，则智亦大矣。天之高也，星辰之远也，苟求其故，千岁之日至，可坐而致也。”

【译文】

孟子说：“天下人讨论人性，只要能推求其所以然就可以了。推求其所以然，就是指顺应自然之理。我们之所以厌恶聪明，是因为聪明容易陷于穿凿附会。如果聪明人能像大禹治水那样，那么人们就不会厌恶聪明了。大禹治水，是顺从水的本性而没有多事。如果聪明人能够顺从人的本性不去多事，那这个聪明就是大智慧。天极高，星辰极远，只要能推求其所以然，千年以后的冬至，也是可以坐着推算出来的。”

8.27　公行子有子之丧，右师[①]往吊。入门，有进而与右师言者，有就右师之位而与右师言者。孟子不与右师言，右师不悦曰：“诸君子皆与驩言，孟子独不与驩言，是简驩也。”

孟子闻之，曰：“礼，朝廷不历[②]位而相与言，不逾阶而相揖也。我欲行礼，子敖以我为简，不亦异乎？”

【注释】

①右师：官名，这里指盖大夫王驩。②历：跨越。

【译文】

公行子死了儿子，右师王驩去吊唁。他一进门，便有人走向前同他说话，（他坐定了，）又有人走近他的席次同他说话。孟子不和他说话，他不高兴，说道：“各位大夫都同我说话，只有孟子不和我说话，这是对我的怠慢。”

孟子听到后，便说：“按照礼节，在朝廷中，不跨过位次来交谈，也不越过石阶来作揖。我依礼而行，子敖却以为我怠慢了他，这不是很奇怪吗？”

8.28　孟子曰：“君子所以异于人者，以其存心也。君子以仁存心，以礼存心。仁者爱人，有礼者敬人。爱人者，人恒爱之；敬人者，人恒敬之。有人于此，其待我以横逆，则君子必自反也：我必不仁也，必无礼也，此物奚宜至哉？其自反而仁矣，自反而有礼矣，其横逆由是也，君子必自反也：我必不忠。自反而忠矣，其横逆由是也，君子曰：‘此亦妄人

也已矣。如此，则与禽兽奚择哉？于禽兽又何难[1]焉？’是故君子有终身之忧，无一朝之患也。乃若所忧则有之：舜，人也；我，亦人也。舜为法于天下，可传于后世，我由未免为乡人也，是则可忧也。忧之如何？如舜而已矣。若夫君子所患则亡矣。非仁无为也，非礼无行也。如有一朝之患，则君子不患矣。”

【注释】

① 难：责难。

【译文】

孟子说：“君子与一般人不同，就在于存心不同。君子存心于仁，存心于礼。仁人爱别人，有礼的人恭敬别人。爱别人的人，别人也爱他；恭敬别人的人，别人也恭敬他。假如有个人蛮横无理，那君子一定反躬自问：我一定不仁，一定无礼，不然，他怎么会有这种态度呢？君子反躬自问，确实做到了仁，做到了礼，那人的蛮横仍然不改，君子一定又反躬自问：我一定不忠。反躬自问以后，我确实做到了忠，那人蛮横态度仍然不改，君子就会说：‘这个人不过是个狂人罢了，既然这样，同禽兽有什么区别呢？对于禽兽又责备什么呢？’所以君子有长期的忧虑，没有突发的祸患。但这样的忧虑是有的：舜是人，我也是人。舜，是天下人的模范，名声传于后代，我，仍然是一个普通人。这个才是值得忧虑的事。忧虑了又怎样办呢？尽力向舜学习罢了。至于君子所忧虑的其他事就没有了。不符合仁的事不做，不合于礼节的事不做。即使有突发的祸患，君子也不会放在心上。”

8.29 禹、稷当平世，三过其门而不入，孔子贤之。颜

子当乱世，居于陋巷，一箪食，一瓢饮，人不堪其忧，颜子不改其乐，孔子贤之。孟子曰："禹、稷、颜回同道。禹思天下有溺者，由己溺之也；稷思天下有饥者，由己饥之也，是以如是其急也。禹、稷、颜子易地则皆然。今有同室之人斗者，救之，虽被发缨冠而救之，可也；乡邻有斗者，被发缨冠而往救之，则惑也，虽闭户可也。"

【译文】

禹、稷处于政治清明的太平盛世，三过家门而不入，孔子称赞他们的贤德。颜子处于乱世，住在狭窄的巷子里，一竹筐饭，一瓢水，别人都受不了那种清苦，他却自得其乐，孔子也称赞他。孟子说："禹、稷和颜回（处世的态度虽有所不同，）道理却一样。大禹一想到天下的人遭受水灾，好像自己使他们遭受水灾一样；稷一想到天下的人有挨饿的，好像自己使他们挨饿一样，所以他们拯救百姓才这样急迫。禹、稷和颜子如果互相交换地位，颜子也会三过家门而不入，禹、稷也会自得其乐。假如有同屋的人互相斗殴，我去救他，纵是披着头发顶着帽子，连帽带子也不系就去救他都可以。如果乡邻在斗殴，也披着头发不系帽带子去救，那就是糊涂了，纵使把门关着都可以。"

8.30　公都子曰："匡章，通国皆称不孝焉，夫子与之游，又从而礼貌之，敢问何也？"

孟子曰："世俗所谓不孝者五：惰其四支，不顾父母之养，一不孝也；博弈好饮酒，不顾父母之养，二不孝也；好货财，私妻子，不顾父母之养，三不孝也；从[①]耳目之欲，以为父母戮[②]，四不孝也；好勇斗很[③]，以危父母，五不孝也。章子有一于是乎？夫章子，子父责善而不相遇也。责善，朋友之道也；父子责善，贼恩之大者。夫章子，岂不欲有夫妻子母之属哉？为得罪于父，不得近，出妻屏[④]子，终身不养焉。其设心以为不若是，是则罪之大者，是则章子而已矣。”

【注释】

①从：通“纵”。②戮：羞辱。③很：狠。④屏：退。

【译文】

公都子说：“匡章，一国的人都说他不孝，您却同他来往，而且相当敬重他，请问这是为什么呢？”

孟子说：“世俗认为不孝的行为有五种：四肢懒惰，不管父母的生活，是一不孝；好赌博酗酒，不管父母的生活，是二不孝；好钱财，偏爱妻室儿女，不管父母的生活，是三不孝；放纵耳目的欲望，使父母因此受耻辱，是四不孝；逞强好斗，危及父母，是五不孝。章子有一项吗？章子不过是父子之间以善相责而把关系弄僵了。以善相责，这是朋友相处之道；父子之间以善相责，是最伤害感情的事。章子难道不想有夫妻母子的团聚吗？就因为得罪了父亲，不能和他亲近，因此把自己妻室也赶出去，把自己儿子也赶到远方，终身不要他们侍奉。他内心这样想，如果不这样做，那罪过就更大了，这就是章子的为人。”

8.31　曾子居武城[①]，有越寇[②]。或曰：“寇至，盍去诸？”曰：“无寓人于我室，毁伤其薪木。”寇退，则曰：“修我墙屋，我将反。”寇退，曾子反。左右曰：“待先生如此其忠且敬也，寇至，则先去以为民望；寇退，则反，殆于不可。”沈犹行[③]曰：

“是非汝所知也。昔沈犹有负刍之祸，从先生者七十人，未有与焉。”

子思[4]居于卫，有齐寇。或曰：“寇至，盍去诸？”子思曰：“如伋去，君谁与守？”

孟子曰：“曾子、子思同道。曾子，师也，父兄也；子思，臣也，微也。曾子、子思易地则皆然。”

【注释】

①武城：地名，故城在今山东省费县西南。②越寇：越国侵犯的军队。③沈犹行：曾子的弟子。④子思：孔子的嫡孙，孔伋，字子思。

【译文】

曾子在武城居住，越国军队来侵犯。有人便说：“敌寇要来了，何不暂且离开呢？”曾子说：“不要让别人住在我这里，破坏那些树木。”敌人退了，曾子说：“把我的墙屋修理修理吧，我要回来了。”敌人退了，曾子也回来了。他旁边的人说：“武城的官员们对待您是这样的忠诚恭敬，敌人来了，便早早地走开，给百姓做了个坏榜样；敌人退了，马上回来，恐怕不可以吧。”沈犹行说：“这个不是你们所晓得的。从前先生住在我那里，有个名叫负刍的作乱，跟随先生的七十个人也都早早走开了。”

子思住在卫国，齐国军队来侵犯。有人说：“敌人来了，为何不走开呢？”子思说：“假如我走开了，君主和谁来一起守城呢？”

孟子说：“曾子、子思两人所走的道路是相同的。曾子当时是老师，是前辈（无守城之责）；子思当时是臣子，是小官（有守城之责。）曾子、子思如果对换地位，他们的行为也会是这样的。”

8.32　储子[1]曰："王使人瞯[2]夫子，果有以异于人乎？"孟子曰："何以异于人哉？尧舜与人同耳。"

【注释】

①储子：齐人，当时或为齐相。②瞯（kàn）：同"瞰"，窥。

【译文】

储子说："王打发人来窥探您，您真有跟别人不同的地方吗？"孟子说："有什么跟别人不同的地方呢？尧舜也与一般人一样。"

8.33　齐人有一妻一妾而处室者，其良人[1]出，则必餍酒肉而后反。其妻问所与饮食者，则尽富贵也。其妻告其妾曰："良人出，则必餍酒肉而后反；问其与饮食者，尽富贵也，而未尝有显者来，吾将瞯良人之所之也。"

蚤起，施从良人之所之，遍国中无与立谈者。卒之东郭墦间，之祭者，乞其余；不足，又顾而之他。此其为餍足之道也。

其妻归，告其妾，曰："良人者，所仰望而终身也，今若此！"与其妾讪其良人，而相[2]泣于中庭[3]，而良人未之知也，施施从外来，骄其妻妾。

由君子观之，则人之所以求富贵利达者，其妻妾不羞也而不相泣者，几希矣。

【注释】

①良人：丈夫。②相：共同。③中庭：庭中。

【译文】

齐国有一个人，家里有一妻一妾。丈夫每次外出，一定吃得饱饱地，喝得醉醺醺地回家。他妻子问和他一起吃喝的是些什么人，据他说，都是一些有钱有势的人物。他妻子告诉妾说："丈夫外出，一定吃饱喝醉后回来；问他同些什么人吃喝，他说都是一些有钱有势的人物，但是，我从来没见过有什么显贵人物到我们家里来，我准备偷偷看看他究竟到了些什么地方。"

第二天一早，她便尾随在丈夫后面行走，走遍城中，没有一个人停下来同她丈夫说话。丈夫最后一直走到东郊外的墓地，向扫墓的人乞讨残剩祭品；不够，又东张西望地跑到别处去乞讨了。这便是他吃饱喝醉的门道。

妻子回到家里，把这情况告诉妾，并且说："丈夫，是我们尊敬而终身依靠的人，现在他竟是这样的！"于是她两人便共同在庭中咒骂着，哭泣着，而丈夫还不知道，高高兴兴地从外面回来，向他的两个女人摆威风。

在君子看来，有些人乞求升官发财的手段，不使他们的妻妾感到羞耻的，实在是太少了。

万章上

9.1　万章问曰："舜往于田，号泣于旻天①，何为其号泣也？"

孟子曰："怨慕②也。"

万章曰："'父母爱之，喜而不忘；父母恶之，劳而不怨。'然则舜怨乎？"

曰："长息问于公明高曰：'舜往于田，则吾既得闻命矣；号泣于旻天，于父母，则吾不知也。'公明高曰：'是非尔所知也。'夫公明高以孝子之心，为不若是恝③，我竭力耕田，共④为子职而已矣，父母之不我爱，于我何哉？帝使其子九男二女，百官牛羊仓廪备，以事舜于畎亩之中，天下之士多就之者，帝将胥⑤天下而迁之焉。为不顺⑥于父母，如穷人无所归。天下之士悦之，人之所欲也，而不足以解忧；好色，人之所欲，妻帝之二女，而不足以解忧；富人之所欲，富有天下，而不足以解忧；贵人之所欲，贵为天子，而不足以解忧。人悦之、好色、富贵，无足以解忧者，惟顺于父母可以解忧。人少，则慕父母；知好色，则慕少艾⑦；有妻子，则慕妻子；仕则慕君，不得于君则热中。大孝终身慕父母。五十而慕者，予于大舜见之矣。"

【注释】

①旻（mín）天：苍天。②慕：思慕、怀恋。③恝（jiá）：忽。

④ 共：通“恭”。⑤ 胥：皆、尽。⑥ 顺：悦。⑦ 少艾：年轻美貌之人。

【译文】

万章问：“舜到田里去，向苍天一面诉苦，一面哭泣，为什么呢？”

孟子答道：“因为他对父母既抱怨，又依恋。”

万章说：“父母喜爱自己，虽然高兴，却不因此懈怠；父母不喜欢自己，虽是忧愁，却不因此抱怨。舜抱怨父母吗？”

孟子说：“从前长息曾经问过公明高，他说：‘舜到田里去，我是懂得的；他向上天诉苦哭泣，这样来对待父母，我却还不懂得为什么。’公明高说：‘这不是你能懂得的。’公明高认为，孝子之心是不能这样满不在乎：我尽力耕田，尽到我做儿子的职责罢了；父母不喜爱我，我有什么办法呢？帝尧打发他的孩子九男二女跟百官一起带着牛羊、粮食等到田野中去侍奉舜；天下的士人也有很多到舜那里去，尧也把整个天下让给了舜。舜却只因为没有让父母顺心，便好像困窘的人找不着依靠一般。天下的士人喜爱他，是谁都愿意的，却不足以消除忧愁；美丽的姑娘，是谁都爱好的，他娶了尧的两个女儿，却不足以消除忧愁；财富，是谁都希望获得的，富有到占有天下，却不足以消除忧愁；尊贵，是谁都希望获得的，尊贵到做了君主，却不足以消除忧愁。大家都喜爱他、美丽的姑娘、财富和尊贵都不足以消除忧愁，只有让父母顺心才可以消除忧愁。人在小的时候，就依恋父母；懂得喜欢女子，便思慕年轻而漂亮的女子；有了妻子，便迷恋妻室；做了官，便讨好君主，得不到君主的信任，就内心焦虑难受。只有最孝顺的人才会终身依恋父母。到了五十岁的年纪还依恋父母的，我在舜身上见到了。”

9.2　万章问曰：“《诗》云：‘娶妻如之何？必告父母。’信斯言也，宜莫如舜。舜之不告而娶，何也？”

孟子曰：“告则不得娶。男女居室，人之大伦也。如告，则废人之大伦，以怼①父母，是以不告也。”

万章曰：“舜之不告而娶，则吾既得闻命矣；帝之妻舜而不告，何也？”

曰：“帝亦知告焉则不得妻也。”

万章曰：“父母使舜完廪，捐阶②，瞽瞍焚廪。使浚井，出，从而揜之。象③曰：‘谟盖④都君咸我绩，牛羊父母，仓廪父母，干戈朕，琴朕，弤⑤朕，二嫂使治朕栖。’象往入舜宫，舜在床琴。象曰：‘郁陶思君尔！’忸怩。舜曰：‘惟兹臣庶，汝其于予治。’不识舜不知象之将杀己与？”

曰：“奚而不知也？象忧亦忧，象喜亦喜。”

曰：“然则舜伪喜者与？”

曰：“否。昔者有馈生鱼于郑子产，子产使校人畜之池。校人烹之，反命曰：‘始舍之，圉圉焉；少则洋洋焉；攸然而逝。’子产曰：‘得其所哉！得其所哉！’校人出，曰：‘孰谓子产智？予既烹而食之，曰：得其所哉！得其所哉！’故君子可欺以其方，难罔以非其道。彼以爱兄之道来，故诚信而喜之，奚伪焉？”

【注释】

①怼（duì）：怨。②阶：梯子。③象：舜同父异母弟。④盖：害。⑤弤（dǐ）：舜弓名。

【译文】

万章问道:“《诗经》中说:‘娶妻要怎么办?一定要先告诉父母。’相信这句话的,应该没有人比得上舜了。但是,舜却没有先向父母禀告,娶了妻子,又是什么道理呢?”

孟子答道:“报告便娶不成。男女结婚,是人生的一件大事。如果舜事先禀告了,那么,这件大事就无法实现了,结果必将怨恨父母,所以他就不禀告。”

万章说:“舜不禀告父母就娶妻子,那我懂得这道理了;尧把女儿嫁给舜,也不向舜的父母说一声,又是什么道理呢?”

孟子说:“尧也知道,告诉了他们,便会嫁娶不成了。”

万章问道:“舜的父母打发舜去修缮谷仓,等舜上了屋顶,便抽去梯子,他父亲瞽瞍还放火焚烧谷仓。又打发舜去挖井,然后把井口盖起来。舜的弟弟象说:‘谋害舜都是我的功劳,牛羊分给父母,仓廪分给父母,兵器归我,琴归我,弤弓归我,两位嫂嫂要她们替我铺床叠被。’象便向舜的房屋走去,舜却坐在床边弹琴,象说:‘我好想念你!’但神情之间很是不好意思。舜说:‘我挂念着这些臣下和百姓,你替我去管理吧!’不知道舜是否知道象要杀他?”

孟子答道:“怎么会不知道呢?象忧愁,他也忧愁;象高兴,他也高兴。”

万章说:“那么,舜的高兴是假装的吗?”

孟子说:“不。从前有人送了一条活鱼给郑国的子产,子产让主管池塘的人畜养起来,那人却煮吃了,回来报告说:‘刚放在池塘里,鱼还不太活动;一会儿,摇摆着尾巴活动起来了,一转眼,就游到远处不见了。’子产说:‘找到了好去处啊!找到了好去处啊!’那人出来后，说道：‘谁说子产聪明，我已经把那条鱼煮着吃了，他还说：‘找到了好去处啊！找到了好去处啊！’所以对于君子，可以用合乎人情的方法去蒙蔽他，很难用违背原则的事来欺骗他。象装着敬爱兄长的态度来了，舜因此真诚地相信他而高兴起来，怎么能说是假装的呢？”

9.3　万章问曰：“象日以杀舜为事，立为天子则放之，何也？”

孟子曰：“封之也，或曰放焉。”

万章曰：“舜流共工于幽州，放驩兜于崇山，杀三苗于三危，殛鲧于羽山，四罪而天下咸服，诛不仁也。象至不仁，封之有庳。有庳之人奚罪焉？仁人固如是乎？在他人则诛之，在弟则封之？”

曰：“仁人之于弟也，不藏怒焉，不宿怨焉，亲爱之而已矣。亲之，欲其贵也；爱之，欲其富也。封之有庳，富贵之也。身为天子，弟为匹夫，可谓亲爱之乎？”

“敢问或曰放者，何谓也？”

曰：“象不得有为于其国，天子使吏治其国而纳其贡税焉，故谓之放。岂得暴彼民哉？虽然，欲常常而见之，故源源而来。‘不及贡，以政接于有庳’，此之谓也。”

【译文】

万章问道：“象每天把谋杀舜当成自己要做的事，等舜做了天子，却仅仅流放他，这是为什么呢？”

孟子答道：“其实是舜封象为诸侯，不过有人说是流放他罢了。”

万章说："舜把共工流放到幽州，把驩兜发配到崇山，把三苗之君驱逐到三危，把鲧充军到羽山，将这四人治罪，天下便都归服了，就因为讨伐了不仁的人。象是最不仁的人，却以有庳之国来封他。有庳国的百姓又有什么罪过呢？对别人就加以惩处，对弟弟就封以国土，难道仁人的做法竟是这样的吗？"

孟子说："仁人对于弟弟，有所怨恨，不藏在心里，不留在胸中，只是想要亲近他爱护他罢了。亲近他，便要使他尊贵；爱护他，便要使他富有。把有庳国土封给他，正是使他尊贵而富有。自己当了天子，弟弟却是一个老百姓，这样能说是亲近他爱护他吗？"

万章说："请问，为什么有人说是流放呢？"

孟子说："象不能在他国土上为所欲为，天子派遣了官吏来帮他治理国家，纳其贡税，所以有人说是流放。他哪里能够暴虐地对待那里的百姓呢？纵是如此，舜还是想常常看到象，象也不断地来和舜相见。'不必等到规定的朝贡的时候，平常也假借政治上的借口来接待'，就是这个意思。"

9.4　咸丘蒙[①]问曰："语云：'盛德之士，君不得而臣，父不得而子。'舜南面而立，尧帅诸侯北面而朝之，瞽瞍亦北面而朝之。舜见瞽瞍，其容有蹙[②]。孔子曰：'于斯时也，天下殆哉，岌岌乎！'不识此语诚然乎哉？"

孟子曰："否，此非君子之言，齐东野人之语也。尧老而舜摄也。《尧典》曰：'二十有八载[③]，放勋乃徂落，百姓如丧考妣，三年，四海遏密八音[④]。'孔子曰：'天无二日，民无二王。'舜既为天子矣，又帅天下诸侯以为尧三年丧，是二天子矣。"

咸丘蒙曰："舜之不臣尧，则吾既得闻命矣。《诗》云：'普天之下，莫非王土；率土之滨，莫非王臣。'而舜既为天子矣，敢问瞽瞍之非臣，如何？"

曰："是诗也，非是之谓也，劳于王事而不得养父母也。曰：'此莫非王事，我独贤劳也。'故说诗者，不以文害辞，不以辞害志。以意逆⑤志，是为得之。如以辞而已矣，《云汉》之诗曰：'周余黎民，靡有孑遗。'信斯言也，是周无遗民也。孝子之至，莫大乎尊亲；尊亲之至，莫大乎以天下养。为天子父，尊之至也；以天下养，养之至也。《诗》曰：'永言孝思，孝思维则。'此之谓也。《书》曰：'只载见瞽瞍，夔夔齐栗，瞽瞍亦允若⑥。'是为父不得而子也？"

【注释】

①咸丘蒙：孟子弟子。②有蹙：不安的样子。③二十有八载：舜摄政之后二十八年。④四海遏密八音：四海指民间。八音，指八种材料所作的乐器。⑤逆：揣测。⑥允若：允，信。若，顺。

【译文】

咸丘蒙问道："俗话说：'道德最高的人，君主不能够以他为臣，父亲不能够以他为子。'舜做了天子，尧便率领诸侯面向北面去朝见他，他父亲瞽瞍也向北面去朝见他。舜看见了瞽瞍，容貌局促不安。孔子说道：'在这个时候，天下岌岌可危！'不知道这话真是如此的吗？"

孟子答道："不，这不是君子的话，而是齐东野人的话。尧年纪大了，由舜行使天子的职权。《尧典》中说：'二十八年以后，尧死了，群臣好像死了父母一样，服丧三年，老百姓也停止一切音乐。'孔子说过：‘天上没有两个太阳，人间没有两个天子。’如果舜真在尧去世以前做了天子，同时又率领天下的诸侯为尧服丧三年，这就是同时有两个天子了。”

咸丘蒙说：“舜不以尧为臣，我已经领受你的教诲了。《诗经》中说：‘普天之下，没有哪里不是天子的土地；四海之内，没有一人不是天子的臣民。’舜既做了天子，如果瞽瞍不是他的臣民，请问又是什么呢？”

孟子说：“这首诗不是你所说的那个意思，而是作者忙碌于公事不能够奉养父母。《诗经》中说：‘这些事没有一件不是天子之事，为什么独我一人劳苦呢？’所以解说诗的人，不要拘于文字而误解词句，也不要拘于词句而误解原意。用自己切身的体会去推测作者的本意，这就对了。假如拘于词句，《云汉》中说：‘周朝剩余的百姓，没有一个存留。’相信了这句话，就会认为周朝没有一个人留存了。孝子的极致，没有超过尊敬他的双亲的；尊敬双亲到了极致，没有超过拿天下来奉养父母的。瞽瞍做了天子的父亲，可以说是尊贵到极点了；舜以天下来奉养他，可以说是奉养的极点了。《诗经》中又说：‘永远尽孝道，孝道是法则。’正是这个意思。《书经》中说过：‘舜恭敬地来见瞽瞍，态度谨慎又小心，瞽瞍也因此受到感化。’这是父亲不能把他当儿子吗？”

9.5　万章曰：“尧以天下与舜，有诸？”

孟子曰：“否。天子不能以天下与人。”

“然则舜有天下也，孰与之？”

曰：“天与之。”

“天与之者，谆谆[①]然命之乎？”

曰："否，天不言，以行与事示之而已矣。"

曰："以行与事示之者，如之何？"

曰："天子能荐人于天，不能使天与之天下；诸侯能荐人于天子，不能使天子与之诸侯；大夫能荐人于诸侯，不能使诸侯与之大夫。昔者，尧荐舜于天，而天受之；暴②之于民，而民受之。故曰，天不言，以行与事示之而已矣。"

曰："敢问荐之于天，而天受之；暴之于民，而民受之，如何？"

曰："使之主祭，而百神享之，是天受之；使之主事，而事治，百姓安之，是民受之也。天与之，人与之，故曰，天子不能以天下与人。舜相尧二十有八载，非人之所能为也，天也。尧崩，三年之丧毕，舜避尧之子于南河之南。天下诸侯朝觐者，不之尧之子而之舜；讼狱者，不之尧之子而之舜；讴歌者，不讴歌尧之子而讴歌舜，故曰，天也。夫然后之中国，践天子位焉。而居尧之宫，逼尧之子，是篡也，非天与也。《泰誓》曰：'天视自我民视，天听自我民听。'此之谓也。"

【注释】

① 谆谆：反复告诫，再三叮咛。② 暴（pù）：显现。

【译文】

万章问道："尧把天下授予舜，有这么回事吗？"

孟子答道："没有，天子不能够把天下授予人。"

万章又问："那么，舜得到了天下，是谁授予的呢？"

孟子答道："天授予的。"

万章又问："天授予的，是反复叮咛地告诫他的吗？"

孟子答道："不是，天不说话，用行动与事件来表示。"

万章问："拿行动和事件来表示，是怎样的呢？"

孟子答道："天子能够向天推荐人，却不能强迫天把天下给与他；诸侯能够向天子推荐人，却不能强迫天子把诸侯之位给与他；大夫能够向诸侯推荐人，却不能强迫诸侯把大夫之位给与他。从前，尧将舜推荐给天，天接受了；又把舜介绍给百姓，百姓也接受了。所以说，天不说话，拿行动和事件来表示罢了。"

万章问道："推荐给天，天接受了；介绍给百姓，百姓也接受了，这是怎么回事呢？"

孟子说："叫他主持祭祀，所有神明都来享用，这便是天接受了；让他主持政事，政事治理得很好，百姓很满意他，这便是百姓接受了。天授予他，百姓授予他，所以说，天子不能够拿天下授予人。舜帮助尧治理天下，一共二十八年，这不是某一人的意志所能做到的，而是天意。尧死了，三年之丧完毕，舜为了要使尧的儿子能够继承天下，自己便逃避到南河的南边去。可是天下诸侯朝见天子，不到尧的儿子那里，却到舜那里；打官司也不到尧的儿子那里，却到舜那里；歌颂的人，不歌颂尧的儿子，却歌颂舜，所以说，这是天意。这样，舜才回到国都，登上了天子之位。如果自己居住于尧的宫室，逼迫尧的儿子，这是篡夺，而不是天授了。《泰誓》中说：'天所看见的，就是我们百姓所看见的；天所听到的，就是我们百姓所听到的。'正是这个意思。"

9.6　万章问曰："人有言：'至于禹而德衰，不传于贤，而传于子。'有诸？"

孟子曰："否，不然也。天与贤，则与贤；天与子，则与子。昔者，舜荐禹于天，十有七年，舜崩，三年之丧毕，禹避舜之子于阳城，天下之民从之，若尧崩之后不从尧之子而从舜也。禹荐益于天，七年，禹崩，三年之丧毕，益避禹之子于箕山之阴。朝觐讼狱者不之益而之启，曰：'吾君之子也。'讴歌者不讴歌益而讴歌启，曰：'吾君之子也。'丹朱①之不肖，舜之子亦不肖。舜之相尧、禹之相舜也，历年多，施泽于民久。启贤，能敬承继禹之道。益之相禹也，历年少，施泽于民未久。舜、禹、益相去久远，其子之贤不肖，皆天也，非人之所能为也。莫之为而为者，天也；莫之致而至者，命也。匹夫而有天下者，德必若舜、禹，而又有天子荐之者，故仲尼不有天下。继世以有天下，天之所废，必若桀纣者也，故益、伊尹、周公不有天下。伊尹相汤以王于天下，汤崩，太丁未立，外丙二年，仲壬四年，太甲颠覆汤之典刑，伊尹放之于桐，三年，太甲悔过，自怨自艾②，于桐处仁迁义，三年，以听伊尹之训己也，复归于亳。周公之不有天下，犹益之于夏、伊尹之于殷也。孔子曰：'唐虞禅，夏后殷周继，其义一也。'"

【注释】

①丹朱：尧的儿子，名朱，封于丹，所以叫丹朱。②自怨自艾（yì）：自我怨恨，自我改过。

【译文】

万章问道："有人说：'到禹的时候道德就衰微了，天下不传给贤人，却传给自己的儿子。'有这样的事吗？"

孟子答道："不，不是这样的。天要授予贤圣的人，便授予贤圣的人；天要授予君主的儿子，便授予君主的儿子。从前，舜把禹推荐给天，十七年之后，舜死了，三年之丧完毕，禹为让位给舜的儿子，自己便躲避到阳城去。可是，天下百姓跟随禹，正好像尧死了以后他们不跟随尧的儿子却跟随舜一样。禹把益推荐给天，七年之后，禹死了，三年之丧完毕，益又让位给禹的儿子，自己便躲避到箕山之北去。当时朝见天子的人，打官司的人都不去益那里，而去启那里，说道：'他是我们君主的儿子。'歌颂的人也不歌颂益，而歌颂启，说道：'他是我们君主的儿子。'尧的儿子丹朱不成器，舜的儿子也不成器。而且，舜辅佐尧，禹辅佐舜，经历的年岁长，对百姓施与恩泽的时间长。启很贤明，能够认真地继承禹的传统。益辅佐禹，经历的年岁短，对百姓施与恩泽的时间短。舜、禹、益辅佐天子时间的长短，以及他们儿子的好坏，都是天意，不是人力所能左右的。没有谁去做却做到了，便是天意；没有刻意去做却得到了，便是命运。一介平民能拥有天下，他的德行必然要像舜和禹一样，而且还要有天子推荐，所以孔子没能拥有天下。世代相传而拥有天下，天如果要废弃，一定是像夏桀、商纣那样残暴无德的君主，所以益、伊尹、周公就没能拥有天下。伊尹辅佐汤统一了天下，汤死后，太丁没有继位就死了，外丙在位二年，仲壬在位四年，太甲破坏了汤的法度，伊尹便流放他到桐邑，三年之后，太甲悔过自新，痛改前非，在桐邑，修养仁德，努力行义，三年之后，完全听从伊尹对自己的教诲，然后又回到亳都做天子。周公不能拥有天下，正好像益在夏朝、伊尹在殷朝一样。孔子说：'唐尧虞舜禅让，夏商周三代世袭，道理是一样的。'"

9.7　万章问曰，"人有言，'伊尹以割烹要汤'，有诸？"

孟子曰“否，不然。伊尹耕于有莘之野，而乐尧舜之道焉。非其义也，非其道也，禄之以天下，弗顾也；系马千驷，弗视也。非其义也，非其道也，一介[①]不以与人，一介不以取诸人。汤使人以币[②]聘之，嚣嚣然[③]曰：‘我何以汤之聘币为哉？我岂若处畎亩之中，由是以乐尧舜之道哉？’汤三使往聘之，既而幡然改，曰：‘与我处畎亩之中，由是以乐尧舜之道，吾岂若使是君为尧舜之君哉？吾岂若使是民为尧舜之民哉？吾岂若于吾身亲见之哉？天之生此民也，使先知觉后知，使先觉觉后觉也。予，天民之先觉者也；予将以斯道觉斯民也。非予觉之，而谁也？’思天下之民匹夫匹妇有不被尧舜之泽者，若己推而内之沟中。其自任以天下之重如此，故就汤而说之以伐夏救民。吾未闻枉己而正人者也，况辱己以正天下者乎？圣人之行不同也，或远，或近；或去，或不去；归洁其身而已矣。吾闻其以尧舜之道要汤，未闻以割烹也。《伊训》曰：‘天诛造攻自牧宫，朕载自亳。’”

【注释】

①介：同“个”。②币：帛。③嚣嚣然：自得无欲貌。

【译文】

万章问道：“有人说，‘伊尹是靠当厨子来求得商汤的任用’，有这么回事吗？”

孟子答道：“不，不是这样的。伊尹在莘国的郊野种庄稼，喜爱尧舜之道。如果不合道义，纵使以天下的财富作为他的俸禄，他都不回头看一眼；纵使有四千匹马系在那里，他也不会看一下。如果不合道义，就不给别人一点东西，也不拿别人一点东西。汤曾派人拿礼物去聘请他，他却无动于衷地说：‘我为什么要接受汤的聘礼呢？我何不住在田野之中，由此以尧舜之道自得其乐呢？’汤几次使人去聘请他，不久，他便完全改变了态度，说：‘与其住在田野之中，以尧舜之道为个人的快乐，又怎么比得上使现在的君主成为尧舜一样的君主呢？怎么比得上使现在的百姓做尧舜时代一样的百姓呢？怎么比得上亲眼看到这一切呢？上天降生人民，就是要先知先觉者来使后知后觉者有所觉悟。我,是百姓中间的先觉者。我将用道来使百姓觉悟。我不去使他们觉悟，又有谁去呢？’伊尹是这样考虑的：在天下的百姓中，如果有一个男子或一个妇女，没有受到尧舜之道的恩泽，就好像是自己把他推进山沟中一样。他就是这样把天下的重任担在自己肩上，所以到了汤那里，便用讨伐夏桀、拯救百姓的道理来说给汤听。我没有听说过，自己不端正，却能够匡正别人的；何况是侮辱自己来匡正天下的？圣人的行为，可能各有不同，有的疏远君主，有的接近君主；有的离开朝廷，有的留在朝廷；但归根结底都要保持自己的洁净罢了。我只听说过伊尹用尧舜之道求于汤，没有听说过他是靠当厨子去求汤任用的。《伊训》中说：‘上天的讨伐，最初是在夏桀宫室里由他自己造成的，我，不过从殷都亳邑开始谋划罢了。’”

9.8　万章问曰：“或谓孔子于卫主痈疽[①]，于齐主侍人瘠环，有诸乎？”

孟子曰：“否，不然也，好事者为之也。于卫主颜仇由。弥子之妻与子路之妻，兄弟也。弥子谓子路曰：‘孔子主我，卫卿可得也。’子路以告。孔子曰：‘有命。’孔子进以礼，退以义，得之不得曰‘有命’。而主痈疽与侍人瘠环，是无义无

命也。孔子不悦于鲁卫，遭宋桓司马将要而杀之，微服而过宋。是时孔子当厄，主司城贞子，为陈侯周臣。吾闻观近臣，以其所为主；观远臣，以其所主。若孔子主痈疽与侍人瘠环，何以为孔子？”

【注释】

① 主痈疽：以痈疽为主人。

【译文】

万章问道：“有人说，孔子在卫国的时候住在卫灵公所宠幸的宦官痈疽家里，在齐国的时候住在宦官瘠环家里。真有这一回事吗？”

孟子说：“不，不是这样的，这是好事之徒捏造出来的。孔子在卫国，住在颜仇由家中。弥子瑕的妻子和子路的妻子是姊妹。弥子瑕对子路说：‘孔子住在我家中就可以得到卫国卿相的职位。’子路把这话告诉了孔子。孔子说：‘一切由命运决定。’孔子依礼法而进，依道义而退，所以他说得到官位和得不到官位‘由命运决定’。如果他住在痈疽和宦官瘠环家中，这种行为，便是无视礼义和命运了。孔子在鲁国和卫国不得意，又碰上了宋国的司马向魋要拦截杀害他，只得改变装束悄悄地通过宋国。这时，孔子正处在困难的境地，便住在司城贞子家中，做了陈侯周的臣子。我听说过，观察在朝的臣子，要看他所招待的客人；观察外来的臣子，看他所寄居的主人。如果孔子真的以痈疽和宦官瘠环为主人，还怎么能算是孔子呢？”

9.9　万章问曰：“或曰：‘百里奚自鬻于秦养牲者五羊之皮食牛以要秦穆公。’信乎？”

孟子曰：“否，不然，好事者为之也。百里奚，虞人也。

晋人以垂棘之璧与屈产之乘假道于虞以伐虢。宫之奇谏，百里奚不谏。知虞公之不可谏而去之秦，年已七十矣。曾[①]不知以食牛干秦穆公之为污也，可谓智乎？不可谏而不谏，可谓不智乎？知虞公之将亡而先去之，不可谓不智也。时举于秦，知穆公之可与有行[②]也而相之，可谓不智乎？相秦而显其君于天下，可传于后世，不贤而能之乎？自鬻以成其君，乡党自好者不为，而谓贤者为之乎？”

【注释】

①曾：乃，竟。②有行：有为。

【译文】

万章问道：“有人说：‘百里奚用五张羊皮的代价把自己卖给秦国养牲畜的人，替他人饲养牛，借此找机会求得秦穆公任用。’这话可信吗？”

孟子答道：“不，不是这样的，这是好事之徒捏造的。百里奚是虞国人。晋人用垂棘的美玉和屈地所产的良马向虞国借路，来攻打虢国。当时虞国的大臣宫之奇劝谏虞公，劝他不要答应，百里奚却不去劝阻。他知道虞公是不可以劝阻的，因而离开虞国搬到秦国，这时他已经七十岁了。他如果不知道用替人饲养牛的方法去求得秦穆公任用是一件污浊的事，能说是明智吗？他预见到虞公不可以劝阻，便不去劝阻，能说是不明智吗？他又预见到虞公将要被灭亡，因而早早离开，怎能说是不明智。当他在秦国被推举出来的时候，便知道秦穆公是位有作为的君主，因而辅助他，能说是不明智吗？作为秦国的卿相，使穆公在天下有显赫的名望，而且足以流传于后代，不是贤者才能够如此吗？卖掉自己来成全君主，乡野里洁身自好的人尚且不会去做，难道说贤人会吗？”

万章下

10.1　孟子曰："伯夷目不视恶色，耳不听恶声。非其君不事，非其民不使，治则进，乱则退。横[①]政之所出，横民之所止，不忍居也。思与乡人处，如以朝衣朝冠坐于涂炭也。当纣之时，居北海之滨，以待天下之清也。故闻伯夷之风者，顽[②]夫廉，懦夫有立志。

"伊尹曰：'何事非君？何使非民？'治亦进，乱亦进，曰：'天之生斯民也，使先知觉后知，使先觉觉后觉。予，天民之先觉者也。予将以此道觉此民也。'思天下之民匹夫匹妇有不与被尧舜之泽者，若己推而内之沟中。其自任以天下之重也。

"柳下惠不羞污君，不辞小官。进不隐贤，必以其道。遗佚[③]而不怨，厄穷而不悯。与乡人处，由由然不忍去也。'尔为尔，我为我，虽袒裼裸裎[④]于我侧，尔焉能浼[⑤]我哉？'故闻柳下惠之风者，鄙夫[⑥]宽，薄夫[⑦]敦。

"孔子之去齐，接淅[⑧]而行；去鲁，曰：'迟迟吾行也，去父母国之道也！'可以速而[⑨]速，可以久而久，可以处而处，可以仕而仕，孔子也。"

孟子曰："伯夷，圣之清者也；伊尹，圣之任者也；柳下惠，圣之和者也；孔子，圣之时者也。孔子之谓集大成。集大成也者，金声而玉振之[⑩]也。金声也者，始条理也；玉振之也者，终条理也。始条理者，智之事也；终条理者，圣之事也。智，

譬则巧也；圣，譬则力也。由射于百步之外也，其至，尔力也；其中，非尔力也。"

【注释】

① 横：残暴。② 顽：贪婪。③ 遗佚：不被重用。④ 袒裼裸裎：四个字意思相近，同义复用，都是赤身露体的意思。⑤ 浼：污染。⑥ 鄙夫：心胸狭窄的人。⑦ 薄夫：刻薄的人。⑧ 接淅：捞起正在淘的米。⑨ 而：则。⑩ 金声而玉振之：金声，指镈钟发出的声音；玉振，指玉磬收束的余韵。古代奏乐，先以镈钟起音，结束以玉磬收尾。

【译文】

孟子说："伯夷，眼睛不看不好的事物，耳朵不听不好的声音。不是他认可的君主不侍奉，不是他认可的百姓不使唤。天下太平就出来做官，天下混乱就隐退不出。施行暴政的国家，有暴民的地方，他都不愿意居住。他觉得和没有教养的人相处，就像穿戴着上朝的礼服礼帽却坐在泥土、炭灰上一样。纣王当政的时候，他隐居在北海边，等待着天下太平。所以听到过伯夷风范的人，贪得无厌的人会变得廉洁，懦弱的人会变得意志坚定。

"伊尹说：'哪个君主不可以侍奉？哪个百姓不可以使唤？'所以，他是天下太平做官，天下混乱也做官。他说：'上天降生人民，就是要先知先觉者来使后知后觉者有所觉悟。我，是百姓中间的先觉者。将用道来使百姓觉悟。'他认为天下的百姓中，只要有一个普通男女没有受到尧舜的恩泽，就好像是他自己把别人推进山沟之中一样。他就是这样承担起天下的重任。

"柳下惠不以侍奉坏君主为耻辱，也不因官小而不做。做官不隐藏自己的才能，坚持按自己的原则办事。不被重用不怨恨，穷困也不忧愁。与没有教养的人相处，也照样很自在不忍离去。他说：‘你是你，我是我，你就是赤身裸体在我旁边，对我又有什么污染呢？’所以，听到过柳下惠风范的人，心胸狭窄的会变得宽阔起来，刻薄的会变得厚道起来。

“孔子离开齐国的时候，捞起正在淘的米就急忙起程了；离开鲁国时却说：‘我们慢慢走吧，这是离开父母之邦的路啊！’应该快就快，应该慢就慢；应该隐居就隐居，应该做官就做官。这就是孔子。”

孟子说：“伯夷是圣人里面最清高的；伊尹是圣人里面最负责任的；柳下惠是圣人里面最随和的；孔子是圣人里面最识时务的。孔子可以称为集大成者。集大成的意思，就好比乐队演奏，以镈钟声开始起音，以玉磬声结束收尾。镈钟声起音是为了有条有理地开始，玉磬声收尾是为了有条有理地结束。有条有理地开始是智方面的事，有条有理地结束是圣方面的事。智好比是技巧，圣好比是力量。犹如在百步以外射箭，箭能射到，是靠你的力量；箭能射中，却是靠技巧而不是靠力量。”

10.2　北宫锜①问曰：“周室班②爵禄也，如之何？”

孟子曰：“其详不可得闻也，诸侯恶其害己也，而皆去其籍。然而轲也尝闻其略也。天子一位，公一位，侯一位，伯一位，子、男同一位，凡五等也。君一位，卿一位，大夫一位，上士一位，中士一位，下士一位，凡六等。天子之制，地方千里，公侯皆方百里，伯七十里，子、男五十里，凡四等。不能五十里，不达于天子，附于诸侯，曰附庸。天子之卿受地视③侯，大

夫受地视伯，元士受地视子、男。大国地方百里，君十卿禄，卿禄四大夫，大夫倍上士，上士倍中士，中士倍下士，下士与庶人在官者同禄，禄足以代其耕也。次国地方七十里，君十卿禄，卿禄三大夫，大夫倍上士，上士倍中士，中士倍下士，下士与庶人在官者同禄，禄足以代其耕也。小国地方五十里，君十卿禄，卿禄二大夫，大夫倍上士，上士倍中士，中士倍下士，下士与庶人在官者同禄，禄足以代其耕也。耕者之所获，一夫百亩。百亩之粪④，上农夫食九人，上次食八人，中食七人，中次食六人，下食五人。庶人在官者，其禄以是为差。”

【注释】

① 北宫锜：卫国人。② 班：划定等级。③ 视：比照。④ 粪：施肥。

【译文】

北宫锜问道：“周朝规定的官爵、俸禄的等级是怎样的？”

孟子说：“详细情况已不得而知了，诸侯讨厌它妨害自己，把那些典籍都毁掉了。不过，我曾经听说过它的大致情况。天子一级，公爵一级，侯爵一级，伯爵一级，子爵、男爵同一级，共五个等级。（诸侯国里，）国君一级，卿一级，大夫一级，上士一级，中士一级，下士一级，共六个等级。天子的土地规模，一千里见方，公爵、侯爵都是一百里见方，伯爵是七十里见方，子爵、男爵是五十里见方，共四等。不足五十里见方的国家，不依附于天子，而是附属于诸侯，叫作附庸。天子的卿所受封土地同侯爵相等，大夫受封的土地同伯爵相等，上士受封的土地同子爵、男爵相等。大国的土地有百里见方，国君的俸禄是卿的十倍，卿的俸禄是大夫的四倍，大夫倍于上士，上士倍于中士，中士倍于下士，下士的俸禄同在官府当差的百姓相同，俸禄足以代替他们种田的收入。中等国家的土地有七十里见方，国君的俸禄是卿的十倍，卿的俸禄是大夫的三倍，大夫倍于上士，上士倍于中士，中士倍于下士，下士同在官府当差的百姓俸禄相同，俸禄足以代替他们种田的收入。小国的土地有五十里见方，国君的俸禄是卿的十倍，卿的俸禄是大夫的两倍，大夫倍于上士，上士倍于中士，中士倍于下士，下士同在官府当差的百姓俸禄相同，俸禄足以代替他们种田的收入。种田人的收入，一个农夫受田一百亩。一百亩地施肥耕种，上等的农夫可以养活九人，次于上等的可以养活八人，中等的农夫可以养活七人，比这差一点的可以养活六人，下等的农夫可以养活五人。在官府当差的百姓，他的俸禄是按这种区别来分等级的。”

10.3　万章问曰：“敢问友。”

孟子曰：“不挟长，不挟贵，不挟[①]兄弟而友。友也者，友其德也，不可以有挟也。孟献子[②]，百乘之家也，有友五人焉：乐正裘，牧仲[③]，其三人，则予忘之矣。献子之与此五人者友也，无献子之家者也。此五人者，亦有献子之家，则不与之友矣。非惟百乘之家为然也，虽小国之君亦有之。费[④]惠公曰：‘吾于子思，则师之矣；吾于颜般，则友之矣；王顺、长息则事我者也。’非惟小国之君为然也，虽大国之君亦有之。晋平公之于亥唐也，入云则入，坐云则坐，食云则食；虽蔬食菜羹，未尝不饱，盖不敢不饱也。然终于此而已矣。弗与共天位也，弗与治天职也，弗与食天禄也，士之尊贤者也，非王公之尊贤也。舜尚见帝，帝馆甥于贰室，亦飨舜，迭为宾主，是天

子而友匹夫也。用下敬上，谓之贵贵；用上敬下，谓之尊贤。贵贵尊贤，其义一也。”

【注释】

① 挟：依恃，倚仗。② 孟献子：鲁国大夫。③ 乐正裘，牧仲：无位的贤者。④ 费：小国名。

【译文】

万章问道：“请问如何交友。”

孟子答道：“不倚仗年纪大，不倚仗地位高，不倚仗兄弟的成就去交友。交朋友，是要结交他的品德，因此心目中不能存在任何有所倚仗的观念。孟献子是有百辆马车的大夫，他有五位朋友，乐正裘，牧仲，其余三位，我忘记了。献子同这五位相交，并没有想着自己是位士大夫。这五位，如果也存在着孟献子是大夫的想法，也就不会同他交友了。不仅具有百辆马车的大夫是如此，纵使小国的国君也有这样交友的。费惠公说：‘我对于子思，将他当作老师；对于颜般，将他当作朋友；至于王顺和长息，那不过是侍奉我的人罢了。’不仅小国的君主是如此，纵使大国之君也有这样交朋友的。晋平公对于亥唐，亥唐叫他进去，便进去；叫他坐，便坐；叫他吃饭，便吃饭。纵使粗茶淡饭，不曾不饱，因为不敢不饱。然而晋平公也只是做到这一点罢了，不能与他共居官位，不能与他共理政事，不能与他共享俸禄，这只是一般士人尊敬贤者的态度，不是王公尊敬贤者所应有的态度。舜谒见尧，尧请他这位女婿住在另一处官邸中，设宴款待舜，他们互为宾主，这是天子与老百姓交友。职位卑下的人尊敬高贵的人，叫作尊重贵人；高贵的人尊敬职位卑下的人，叫作尊敬贤者。尊重贵人和尊敬贤者，其中的道理是一样的。”

10.4　万章问曰："敢问交际[①]何心也？"

孟子曰："恭也。"

曰："'却之却之为不恭'，何哉？"

曰："尊者赐之，曰：'其所取之者义乎，不义乎？'而后受之，以是为不恭，故弗却也。"

曰："请无以辞却之，以心却之，曰：'其取诸民之不义也。'而以他辞无受，不可乎？"

曰："其交也以道，其接也以礼，斯孔子受之矣。"

万章曰："今有御[②]人于国门之外者，其交也以道，其馈也以礼，斯可受御与？"

曰："不可。《康诰》[③]曰：'杀越人于货，闵不畏死，凡民罔不譈。'是不待教而诛之者也。殷受夏，周受殷，所不辞也。于今为烈，如之何其受之？"

曰："今之诸侯取之于民也，犹御也。苟善其礼际矣，斯君子受之，敢问何说也？"

曰："子以为有王者作，将比[④]今之诸侯而诛之乎？其教之不改而后诛之乎？夫谓非其有而取之者盗也，充类至义[⑤]之尽也。孔子之仕于鲁也，鲁人猎较[⑥]，孔子亦猎较。猎较犹可，而况受其赐乎？"

曰："然则孔子之仕也，非事道与？"

曰："事道也。"

"事道奚猎较也？"

曰："孔子先簿正祭器[⑦]，不以四方之食供簿正。"

曰："奚不去也？"

曰："为之兆也。兆足以行矣，而不行，而后去，是以未尝有所终三年淹也。孔子有见行可之仕，有际可之仕，有公养之仕。于季桓子，见行可之仕也；于卫灵公，际可之仕也；于卫孝公，公养之仕也。"

【注释】

①交际：往来应酬。②御：抢劫的强盗。③《康诰》:《尚书》篇名。④比：等同。⑤充类至义：类推究义的意思。⑥猎较：打猎时争夺猎物，以所得用作祭祀。⑦簿正祭器：用文书规定祭器祭品，使有定数。

【译文】

万章问道："请问与人交往应该抱什么态度？"

孟子答道："恭敬。"

万章又问："有人说'一再拒绝人家的礼物，这是不恭敬'，为什么呢？"

孟子答道："尊长有所赐与，你心里想：'他取得这些东西是符合义的呢？还是不符合义的呢？'想了以后才接受，这是不恭敬的，所以不能拒绝。"

万章说："不用语言拒绝，而在心里拒绝，心里想：'这是他从百姓那里取得的不义之财。'然后用别的理由来拒绝，难道不可以吗？"

孟子说："他依规矩交往，依礼节接触，孔子也会接受的。"

万章说："如果有一个在国都郊野拦路抢劫的人，他也依了规矩交往，也依礼节馈赠，这种赃物，也可以接受吗？"

孟子说："不可以。《康诰》中说：'杀死别人，抢夺财物，蛮横不怕死，这种人是没有人不痛恨的。’这种人不必等待教化就可以处死。殷商接受了夏朝的这条法律，周朝接受了殷商的这条法律，没有更改。现在杀人抢劫的行为更为厉害，怎么能够接受呢？”

万章说：“现在这些诸侯，从老百姓那里夺取财物，也和拦路抢劫差不多。如果他们按照礼节交往，君子也就可以接受他们的礼物，请问这又是什么道理呢？”

孟子说：“你认为如果有圣王兴起，对于今天的诸侯，是一视同仁全部诛杀呢？还是先行教育，如再不改悔，然后再诛杀呢？而且，不是自己所有的东西而去取得它，如果把这种行为认为是抢劫，这是把抢劫的含义扩大到尽头。孔子在鲁国做官的时候，鲁国人争夺猎物，孔子也争夺猎物。争夺猎物都可以，何况接受赐与呢？”

万章说：“那么，孔子做官，不是为了行道吗？”

孟子说：“是为了行道。”

“既是为了行道，为什么又来争夺猎物呢？”

孟子说：“孔子先用文书规定祭祀所用器物和祭品，不用别处的食物来祭祀。”

万章说：“孔子为什么不辞官离去呢？”

孟子说：“他以此为行道的开始。如果这个开始行得通，而君主却不实行，然后才离去，所以孔子不曾在一个地方待满三年。孔子有因为可以行道而做官，也有因为君主对他的礼遇周到而做官，也有因国君养贤而做官。对于鲁国的季桓子，是因为可以行道而做官；对于卫灵公，是因为礼遇周到而做官；对于卫孝公，是因为国君养贤而做官。”

10.5　孟子曰：“仕非为贫也，而有时乎为贫；娶妻非为养也，而有时乎为养。为贫者，辞尊居卑，辞富居贫。辞尊居卑，辞富居贫，恶乎宜乎？抱关击柝[1]。孔子尝为委吏[2]矣，曰：‘会计当而已矣。’尝为乘田[3]矣，曰：‘牛羊茁壮长而已矣。’位卑而言高，罪也；立乎人之本朝[4]，而道不行，耻也。”

【注释】

① 抱关击柝：看门打更。② 委吏：管理粮仓的小官。③ 乘田：主管畜牧的小官。④ 本朝：朝廷。

【译文】

孟子说：“做官不是因为贫穷，但有时也因为贫穷。娶妻不是为了奉养父母，但有时候也为了奉养父母。因为贫穷而做官的，便该拒绝高官，居于卑位；拒绝厚禄，只受薄俸。拒绝高官，居于卑位；拒绝厚禄，只受薄俸，那居于什么位置才合适呢？像守门打更的小吏都行。孔子也曾经做过管理仓库的小吏，他说：‘出入的数字都对就可以了。’也曾经做过管理牲畜的小吏，他说：‘牛羊都壮实地长大就可以了。’位置低下，而议论朝廷大事，是罪行；在那君主的朝廷上做官，而自己正义的主张不能实现，是耻辱。”

10.6　万章曰：“士之不托诸侯[1]，何也？”

孟子曰：“不敢也。诸侯失国，而后托于诸侯，礼也；士之托于诸侯，非礼也。”

万章曰：“君馈之粟，则受之乎？”

曰：“受之。”

“受之何义也？”

曰："君之于氓也，固周[②]之。"

曰："周之则受，赐之则不受，何也？"

曰："不敢也。"

曰："敢问其不敢何也？"

曰："抱关击柝者，皆有常职以食于上。无常职而赐于上者，以为不恭也。"

曰："君馈之，则受之，不识可常继乎？"

曰："缪公之于子思也，亟问，亟馈鼎肉[③]。子思不悦。于卒也，摽[④]使者出诸大门之外，北面稽首再拜而不受，曰：'今而后知君之犬马畜伋。'盖自是台[⑤]无馈也。悦贤不能举，又不能养也，可谓悦贤乎？"

曰："敢问国君欲养君子，如何斯可谓养矣？"

曰："以君命将[⑥]之，再拜稽首而受。其后廪人继粟，庖人[⑦]继肉，不以君命将之。子思以为鼎肉，使己仆仆尔[⑧]亟拜也，非养君子之道也。尧之于舜也，使其子九男事之，二女女焉，百官牛羊仓廪备，以养舜于畎亩之中，后举而加诸上位，故曰，王公之尊贤者也。"

【注释】

① 士之不托诸侯：士，指没有职务的士。托，依附。② 周：周济，救济。③ 鼎肉：熟肉。④ 摽：挥之使去，驱逐。⑤ 台：通"始"。⑥ 将：送。⑦ 庖人：管膳食的小官。⑧ 仆仆尔：仆仆，劳顿，麻烦。尔，……的样子。

【译文】

万章说："士不能依附诸侯生活，这是什么道理呢？"

孟子说："不敢如此。诸侯丧失了自己的国家，然后依附于别的诸侯，这是合于礼的。士依附于诸侯，是不合于礼的。"

万章道："君主如果给予他以谷米，那是否接受呢？"

孟子说："能接受。"

"接受又是什么道理呢？"

孟子说："君主对于外来的人士，本来可以周济他。"

万章问："周济他，就接受。赐予他，就不接受，又是什么道理呢？"

孟子答道："不敢接受的缘故。"

万章问："不敢接受，又是什么道理呢？"

孟子答道："守门打更的人都有一定的职务，因而接受上面的给养。没有一定的职务，却接受上面的赐予，这是被认为不恭敬。"

万章问："君王给他馈赠，他也就接受，不知道可以经常如此吗？"

孟子答道："鲁缪公对于子思，多次派人问候，屡次送给他肉食，子思很不高兴。最后一次，子思便把来人赶出大门，自己朝北面先磕头后作揖地拒绝了，说道：'今天才知道君主把我当成犬马一样地畜养了。'大概从此便不给子思送礼了。喜爱贤人，既不能提拔重用他，也不能按照礼供养他，可以说是喜爱贤人吗？"

万章问："国君要供养君子，怎么做才算是适当供养呢？"

孟子答道："最初以国君的名义馈赠，他便先作揖后磕头，接受了。然后管理仓廪的人经常送来谷米，掌供膳食的人经常送来肉食，这些都不必再以国君的名义送去，以免掉繁琐的礼节。子思认为自己为了一锅肉而屡次地作揖行礼，这实在不是供养君子的办法。尧对于舜，派自己的九个儿子去服侍他，把自己的两个女儿嫁给他，而且各种官吏以及牛羊、仓库无不具备齐全，来使舜在田野之中得到周密的生活照顾，然后提拔他登上高位。所以说，这才是王公尊敬贤者的适当方式。”

10.7　万章曰：“敢问不见诸侯，何义也？”

孟子曰：“在国曰市井之臣，在野曰草莽之臣，皆谓庶人。庶人不传质[①]为臣，不敢见于诸侯，礼也。”

万章曰：“庶人，召之役，则往役；君欲见之，召之，则不往见之，何也？”

曰：“往役，义也；往见，不义也。且君之欲见之也，何为也哉？”

曰：“为其多闻也，为其贤也。”

曰：“为其多闻也，则天子不召师，而况诸侯乎？为其贤也，则吾未闻欲见贤而召之也。缪公亟见于子思，曰：‘古千乘之国以友士，何如？’子思不悦，曰：‘古之人有言曰，事之云乎，岂曰友之云乎？’子思之不悦也，岂不曰：‘以位，则子，君也；我，臣也。何敢与君友也？以德，则子事我者也，奚可以与我友？’千乘之君求与之友而不可得也，而况可召与？齐景公田，招虞人以旌，不至，将杀之。志士不忘在沟壑，勇士不忘丧其元。孔子奚取焉？取非其招不往也。”

曰：“敢问招虞人何以？”

曰：“以皮冠。庶人以旃，士以旂，大夫以旌。以大夫之招招虞人，虞人死不敢往。以士之招招庶人，庶人岂敢往哉？况乎以不贤人之招招贤人乎？欲见贤人而不以其道，犹欲其入而闭之门也。夫义，路也；礼，门也。惟君子能由是路，出入是

门也。《诗》云:‘周道如底②,其直如矢;君子所履,小人所视③。’”

万章曰:“孔子,君命召,不俟驾而行。然则孔子非与?”

曰:“孔子当仕有官职,而以其官召之也。”

【注释】

①传质:传送礼品。②底:通“砥”,磨刀石。③视:效法。

【译文】

万章说:“请问,士子不去拜见诸侯,这是什么道理呢?”

孟子答道:“(没有职位的人)在都市里叫作市井之臣,在郊野叫作草莽之臣,这都叫作百姓。百姓没有向诸侯传送见面礼而成为臣属,就不敢去拜见诸侯,这是合于礼的。”

万章说:“百姓,召唤他去服役,就去服役;君主要见他,召唤他,却不去见,这又是为什么呢?”

孟子说:“去服役,合乎义;去拜见,不合乎义。而且君主想和他见面,为什么呢?”

万章说:“因为他见闻广博,因为他品德高洁。”

孟子说:“如果因为他见闻广博,即使天子都不能召唤老师,何况诸侯呢?如果因为他品德高洁,那我也不曾听说过想要同贤人相见却随便召唤的。鲁缪公多次去拜访子思,说道:‘古代具有千辆兵车的国君如果同士人交友,是怎样的呢?’子思不高兴地说:‘古代人会以士人为师,哪会说是同士人交友呢?’子思不高兴,难道不是这样的意思吗:‘论地位,你是君主,我是臣下,哪敢同你交朋友呢?论道德,你是向我学习的人,怎么可以同我交朋友呢?’具有千辆兵车的国君想和他交朋友都做不到,何况召唤呢?齐景公田猎,用有羽毛为装饰的旌旗召唤猎场小吏,他不来,准备杀他。志士不怕弃尸山沟，勇士不怕丢掉脑袋。孔子是看中他哪一点呢？就是取他对不合乎礼仪的召唤不接受。”

万章问道：“召唤猎场的小吏该用什么呢？”

孟子答道：“用皮帽子。召唤老百姓用红绸做的曲柄旗，召唤士用有铃铛的旗，召唤大夫才用有羽毛的旗。用召唤大夫的旗帜去召唤猎场小吏，猎场小吏死也不敢去。用召唤士人的旗帜去召唤老百姓，老百姓难道敢去吗？何况用召唤不贤之人的礼节去召唤贤人呢？想同贤者见面，却不依循规矩礼节，就好像要请他进来却关闭着大门。义好比是大路，礼好比是大门。只有君子能从这一条大路行走，由这处大门进出。《诗经》说：‘大路像磨刀石一样平，像箭矢一样直。这是君子所行走的，小人所效法的。’”

万章问道：“孔子听说有国君之命的召唤，不等车马驾好自己便先行走去，这样，是孔子做错了吗？”

孟子说：“那是因为孔子当时正在做官，有职务在身，国君用他担任的官职去召唤他。”

10.8　孟子谓万章曰：“一乡之善士斯友一乡之善士，一国之善士斯友一国之善士；天下之善士斯友天下之善士。以友天下之善士为未足，又尚论古之人。颂其诗，读其书，不知其人，可乎？是以论其世也。是尚友也。”

【译文】

孟子对万章说道：“一乡中的优秀人物和这一乡的优秀人物交朋友；一国中的优秀人物和一国中的优秀人物交朋友；天下的优秀人物和天下的优秀人物交朋友。认为和天下的优秀人物交朋友还不够，又追论古代的人物。吟咏他们的诗歌，研究他们的著作，不了解他的为人,可以吗？所以要讨论他们所处的那个时代。这就是与古人交朋友。”

10.9 齐宣王问卿。孟子曰："王何卿之问也？"

王曰："卿不同乎？"

曰："不同。有贵戚之卿，有异姓之卿。"

王曰："请问贵戚之卿。"

曰："君有大过则谏；反复之而不听，则易位。"

王勃然变乎色。

曰："王勿异也。王问臣，臣不敢不以正对。"

王色定，然后请问异姓之卿。

曰："君有过则谏，反复之而不听，则去。"

【译文】

齐宣王询问关于公卿的职责。孟子说:“王所问的是哪一类的公卿？”

王说：“公卿的种类不一样吗？”

孟子说：“不一样。有和王室同宗族的公卿，有非王族的公卿。”

王说：“我请问和王室同宗族的公卿。”

孟子说：“君王若有重大错误，他就劝谏；如果反复劝谏了还不听从，就另立国君。”

宣王马上变了脸色。

孟子说：“王不要诧异。王问我，我不敢不实话实说。”

宣王脸色正常了，又请问非王族的公卿。

孟子说：“君王若有错误，就要劝谏；如果反复劝谏还不听从，自己就离开。”

告子上

11.1　告子曰："性犹杞柳①也，义犹杯棬②也。以人性为仁义，犹以杞柳为杯棬。"

孟子曰："子能顺杞柳之性而以为杯棬乎？将戕贼杞柳而后以为杯棬也？如将戕贼杞柳而以为杯棬，则亦将戕贼人以为仁义与？率天下之人而祸仁义者，必子之言夫！"

【注释】

① 杞（qǐ）柳：树名，枝条柔韧，可以编制箱筐等器物。② 杯棬（bēi quān）：器名。先用枝条编成杯盘之形，再以漆加工制成杯盘。

【译文】

告子说："人的本性好比杞柳，仁义好比杯盘。把人的本性纳于仁义，正好比用杞柳来制成杯盘。"

孟子说："您是顺着杞柳的本性来制成杯盘呢？还是毁伤杞柳的本性来制成杯盘呢？如果要毁伤杞柳的本性然后制成杯盘，那也要毁伤人的本性然后纳之于仁义吗？率领天下的人来损害仁义的，一定是你的这种说法！"

11.2　告子曰："性犹湍水①也，决诸东方则东流，决诸西方则西流。人性之无分于善不善也，犹水之无分于东西也。"

孟子曰："水信②无分于东西，无分于上下乎？人性之

善也，犹水之就[3]下也。人无有不善，水无有不下。今夫水，搏而跃之，可使过颡[4]；激而行之，可使在山。是岂水之性哉？其势则然也。人之可使为不善，其性亦犹是也。”

【注释】

①湍（tuān）水：急流的水。②信：确实。③就：趋向。④颡（sǎng）：额头。

【译文】

告子说：“人性就像急流的水，缺口在东便向东方流，缺口在西便向西方流。人性无所谓善与不善，就像流水没有东西之分。”

孟子说：“流水确实没有东西之分，但是，也没有上下之分吗？人性向善，就像水往低处流一样。人性没有不善良的，水没有不向低处流的。当然，如果水受拍打而飞溅起来，能使它高过额头；阻挡使它倒流，能使它流上山岗。这难道是水的本性吗？形势迫使它如此。人可以迫使他做坏事，这时他的本性也是形势造成的。”

11.3　告子曰：“生之谓性。”

孟子曰：“生之谓性也，犹白之谓白与？”

曰：“然。”

“白羽之白也，犹白雪之白；白雪之白犹白玉之白与？”

曰：“然。”

“然则犬之性犹牛之性，牛之性犹人之性与？”

【译文】

告子说：“天生的资质叫作性。”

孟子说：“天生的资质叫作性，好比一切东西的白叫作白吗？”

告子答道：“正是如此。”

“白羽毛的白犹如白雪的白，白雪的白犹如白玉的白吗？”

告子答道：“正是如此。”

孟子说：“那么，狗性犹如牛性，牛性犹如人性吗？”

11.4　告子曰：“食色，性也。仁，内也，非外也；义，外也，非内也。”

孟子曰：“何以谓仁内义外也？”

曰：“彼长而我长之，非有长于我也；犹彼白而我白之，从其白于外也，故谓之外也。”

曰：“异于白马之白也，无以异于白人之白也；不识长马之长也，无以异于长人之长与？且谓长者义乎？长之者义乎？”

曰：“吾弟则爱之，秦人之弟则不爱也，是以我为悦者也，故谓之内。长楚人之长，亦长吾之长，是以长为悦者也，故谓之外也。”

曰：“耆[1]秦人之炙，无以异于耆吾炙，夫物则亦有然者也，然则耆炙亦有外与？”

【注释】

①耆：同“嗜”。

【译文】

告子说：“饮食男女，这是本性。仁是内在的东西，不是外在的东西；义是外在的东西，不是内在的东西。”

孟子说：“为什么说仁是内在的东西，义是外在的东西呢？”

告子答道："因为他年纪大，于是我去尊敬他，不是我预先就有尊敬他的念头；就好像一样白的东西，我认为它白，是根据它的外表是白色的，所以说义是外在的东西。"

孟子说："白马的白和白人的白没有什么不同，但是不知道对老马的怜悯心和对老者的恭敬心，是不是也没有什么不同呢？而且，你说的义，是在于老者呢？还是在于尊敬老者的人呢？"

告子说："是我的弟弟便爱他，是秦国人的弟弟便不爱他，这是由我自己的内心决定的，所以说仁是内在的东西。尊敬楚国的老者，也尊敬我自己的老者，这是由他们的年长决定的，所以说义是外在的东西。"

孟子说："喜欢吃秦国人的烤肉和喜欢吃自己的烤肉没什么不同，其他事物也有这种情况，那么，难道喜欢吃烤肉的心也是外在的东西吗？"

11.5　孟季子问公都子曰："何以谓义内也？"

曰："行吾敬，故谓之内也。"

"乡人长于伯兄一岁，则谁敬？"

曰："敬兄。"

"酌则谁先？"

曰："先酌乡人。"

"所敬在此，所长在彼，果在外，非由内也。"

公都子不能答，以告孟子。

孟子曰："敬叔父乎？敬弟乎？彼将曰：'敬叔父。'曰：'弟为尸，则谁敬？'彼将曰：'敬弟。'子曰：'恶在其敬叔父也？'

彼将曰：‘在位故也。’子亦曰：‘在位故也。庸敬在兄，斯须之敬在乡人。’”

季子闻之，曰：“敬叔父则敬，敬弟则敬，果在外，非由内也。”

公都子曰：“冬日则饮汤，夏日则饮水，然则饮食亦在外也？”

【译文】

孟季子问公都子：“为什么说义是内在的东西呢？”

公都子答道：“尊敬从我的内心发出，所以说是内在的东西。”

“乡人比兄长大一岁，那你尊敬谁？”

公都子答道：“尊敬兄长。”

孟季子问：“如果在一块儿饮酒，先给谁斟酒？”

公都子答道：“先给乡人斟酒。”

孟季子说：“你心里尊敬的是兄长，却向乡人敬礼，可见义毕竟是外在的东西，不是由内心发出的。”

公都子不能回答，便将这件事告诉了孟子。

孟子说：“(你反问他：)‘尊敬叔父呢？还是尊敬弟弟呢？’他会说：‘尊敬叔父。’你再问：‘弟弟若做了受祭的代理人，那又尊敬谁呢？’他会说:‘尊敬弟弟。’你便说:‘那为什么又说尊敬叔父呢？’他会说：‘这是由于弟弟处于当受尊敬之位。’那你也就说：‘那也是由于乡人处在客人的位置上。平常的尊敬在于兄长，暂时的尊敬在于乡人。’”

季子听到了这话，又说：“对叔父也是尊敬，对弟弟也是尊敬，毕竟义是外在的，不是由内心发出的。”

公都子说："冬天喝热水，夏天喝凉水，那么，难道饮食也是外在的了吗？"

11.6　公都子[①]曰："告子曰：'性无善无不善也。'或曰：'性可以为善，可以为不善；是故文武兴，则民好善；幽厉兴，则民好暴。'或曰：'有性善，有性不善。是故以尧为君而有象，以瞽瞍为父而有舜，以纣为兄之子且以为君，而有微子启、王子比干。'今曰'性善'，然则彼皆非与？"

孟子曰："乃若[②]其情[③]，则可以为善矣，乃所谓善也。若夫为不善，非才[④]之罪也。恻隐之心，人皆有之；羞恶之心，人皆有之；恭敬之心，人皆有之；是非之心，人皆有之。恻隐之心，仁也；羞恶之心，义也；恭敬之心，礼也；是非之心，智也。仁义礼智，非由外铄我也，我固有之也，弗思耳矣。故曰：'求则得之，舍则失之。'或相倍蓰而无算者，不能尽其才者也。《诗》曰：'天生蒸民，有物有则。民之秉彝[⑤]，好是懿德。'孔子曰：'为此诗者，其知道乎！故有物必有则；民之秉彝也，故好是懿德。'"

【注释】

①公都子：孟子的弟子。②乃若：转折连词，相当于"至于"。③情：指天生的性情。④才：指天生的资质。⑤民之秉彝：秉，执。彝，常。

【译文】

公都子说："告子说：'人性无所谓善良不善良。'又有人说：'人性可以使它善良，也可以使它不善良。所以周文王、周武王当朝，老百姓就善良；周幽王、周厉王当朝，老百姓就凶暴。’也有人说：‘有的人本性善良，有的人本性不善良。所以虽然有尧这样善良的人做天子，却有象这样不善良的臣民；虽然有瞽瞍这样不善良的父亲，却有舜这样善良的儿子；虽然有殷纣王这样不善良的侄儿并且做了天子，却也有微子启、王子比干这样善良的长辈和贤臣。’如今老师说‘人性本善’，那么他们都说错了吗？”

孟子说：“从天生的性情来说，都可以使之善良，这就是我说人性本善的意思。至于说有些人不善良，那不能归罪于天生的资质。同情心，人人都有；羞耻心，人人都有；恭敬心，人人都有；是非心，人人都有。同情心属于仁，羞耻心属于义，恭敬心属于礼，是非心属于智。这仁义礼智都不是由外在的因素授予我的，而是我本身固有的，只不过平时没有去想它因而不觉得罢了。所以说：‘探求就可以得到，放弃便会失去。’人与人之间有相差一倍、五倍甚至无数倍的，正是由于没有充分发挥他们的天生资质。《诗经》中说：‘上天生育了人类，万事万物都有法则。老百姓掌握了这些法则，就会有美好的品德。’孔子说：‘写这首诗的人真懂得道啊！有事物就一定有法则。老百姓掌握了这些法则，所以崇尚美好的品德。’”

11.7　孟子曰：“富岁，子弟多赖[①]；凶岁，子弟多暴，非天之降才尔殊也，其所以陷溺其心者然也。今夫麰麦[②]，播种而耰[③]之，其地同，树之时又同，浡然而生，至于日至[④]之时，皆熟矣。虽有不同，则地有肥硗[⑤]、雨露之养、人事之不齐也。故凡同类者，举相似也，何独至于人而疑之？圣人，与我同类者。故龙子[⑥]曰：‘不知足而为屦，我知其不为蒉[⑦]

也。’屦之相似，天下之足同也。口之于味，有同耆[8]也。易牙[9]先得我口之所耆者也。如使口之于味也，其性与人殊[10]，若犬马之与我不同类也，则天下何耆皆从易牙之于味也？至于味，天下期于易牙，是天下之口相似也。惟耳亦然。至于声，天下期于师旷，是天下之耳相似也。惟目亦然。至于子都[11]，天下莫不知其姣也。不知子都之姣者，无目者也。故曰，口之于味也，有同耆焉；耳之于声也，有同听焉；目之于色也，有同美焉。至于心，独无所同然乎？心之所同然者何也？谓理也，义也。圣人先得我心之所同然耳。故理义之悦我心，犹刍豢[12]之悦我口。”

【注释】

①赖：通“懒”。②麰（móu）麦：大麦。③耰（yōu）：平地的农具。④日至：夏至。⑤硗（qiāo）：土地瘠薄。⑥龙子：古贤人。⑦蒉：草编的筐。⑧耆：同“嗜”。⑨易牙：又名雍巫，齐桓公宠臣，其故事散见于周秦古籍。⑩与人殊：人人不同。⑪子都：春秋时代美男子。⑫刍豢（chú huàn）：牛羊犬豕之类的家畜。

【译文】

孟子说：“丰收年成，少年子弟多半懒惰；灾荒年成，少年子弟多半凶暴，不是天生的资质有如此的不同，是环境影响他们心思的缘故。拿大麦做比喻，播了种，耪了地，如果土地一样，种植的时候一样，便会蓬勃地生长，最迟到夏至，都会成熟了。即使有所不同，那便是由于土地的肥瘠、雨露的多少、人工的勤惰不同。所以一切同类之物，无不大体相同，为什么一讲到人便怀疑了呢？圣人也是我们的同类。龙子曾经说过：‘即使不知脚的大小去编草鞋，我也知道不会编成草筐。'草鞋的相近，是因为各人的脚大体相同。口对于味道，有相同的嗜好；易牙最早掌握了我们口味上的这一嗜好。假如口对于味道，人人不同，就像犬马和我们人类本质上的不相同一样，那么，凭什么天下的人都追随着易牙的口味呢？一讲到口味，天下人都期望尝到易牙的手艺，这就说明了天下人的味觉大体相同。耳朵也如是。一讲到声音，天下都期望听到师旷的演奏，这就说明了天下人的听觉大体相同。眼睛也如此。一讲到子都，天下没有人不知道他俊美的。不认为子都美丽的，那是没有眼睛的人。所以说，口对于味道，有相同的嗜好；耳对于声音，有相同的听觉；眼睛对于容貌，有相同的美感。谈到心，就独独没有相同之处吗？心的相同之处是什么呢？是理，是义。圣人不过是先掌握了我们内心的相同之处罢了。所以理、义愉悦我们的心，就像猪肉、牛肉愉悦我们的口一样。"

11.8　孟子曰："牛山[①]之木尝美矣，以其郊于大国[②]也，斧斤伐之，可以为美乎？是其日夜之所息[③]，雨露之所润，非无萌蘖[④]之生焉，牛羊又从而牧之，是以若彼濯濯[⑤]也。人见其濯濯也，以为未尝有材焉，此岂山之性也哉？虽存乎人者，岂无仁义之心哉？其所以放其良心者，亦犹斧斤之于木也，旦旦而伐之，可以为美乎？其日夜之所息，平旦[⑥]之气，其好恶与人相近也者几希，则其旦昼之所为，有梏亡[⑦]之矣。梏之反覆，则其夜气不足以存；夜气不足以存，则其违禽兽不远矣。人见其禽兽也，而以为未尝有才焉者，是岂人之情也哉？故苟得其养，无物不长；苟失其养，无物不消。孔子曰：

‘操则存，舍则亡；出入无时，莫知其乡。’惟心之谓与？”

【注释】

① 牛山：齐国首都临淄郊外的山。② 大国：指临淄，不但为齐之首都，也为当时大都市之一。③ 息：生长。④ 萌蘖（niè）：新枝嫩芽。⑤ 濯濯（zhuó）：没有草木，光秃秃的样子。⑥ 平旦：黎明，天刚亮时。⑦ 梏（gù）亡：指因受束缚而消亡。

【译文】

孟子说：‘牛山的树木曾经很茂盛，但是由于它在大都的郊外，人们经常用斧子去砍伐，这样还能够保持茂盛吗？当然，山上的树木日日夜夜都在生长，雨水露珠也在滋润着，并非没有嫩芽新枝长出来，但随即又有人赶着牛羊去放牧，所以也就像那样光秃秃的了。人们看见它光秃秃的，便以为牛山从来也不曾有过高大的树木，这难道是山的本性吗？即使在一些人身上也是如此，他们难道没仁义之心吗？他们之所以丧失善良之心，也正像用斧头砍伐树木一样，天天砍伐，这样还可以保持茂盛吗？他们在日夜里发出来的善心，在天刚亮时的清明之气，这些在他们心里所产生出来的好恶，与一般人也有点相近了，可到了第二天，他们的所作所为，又把它们消亡了。反复消亡的结果是，他们夜晚的息养之气不能存在了，夜晚的息养之气不能存在，也就和禽兽差不多了。人们见到这些人的所作所为和禽兽差不多，还以为他们从来就没有过善良的资质。这难道是人的本性如此吗？所以，假如得到滋养，没有什么东西不生长；假如失去滋养，没有什么东西不消亡。孔子说过：‘把握住就存在，放弃就失去；进出没有一定的时候，也就不知道它去向何方。’这就是指人心而言的吧？”

11.9 孟子曰：“无或[①]乎王之不智也。虽有天下易生之物也，一日暴[②]之，十日寒之，未有能生者也。吾见亦罕矣，吾退而寒之者至矣，吾如有萌焉何哉？今夫弈[③]之为数[④]，小数也；不专心致志，则不得也。弈秋，通国之善弈者也。使弈秋诲二人弈，其一人专心致志，惟弈秋之为听。一人虽听之，一心以为有鸿鹄[⑤]将至，思援弓缴[⑥]而射之，虽与之俱学，弗若之矣，为是其智弗若与？曰：非然也。”

【注释】

①或：同“惑”。②暴（pù）：同“曝”，晒。③弈：围棋。④数：技术，技巧。⑤鸿鹄（hú）：天鹅。⑥缴（zhuó）：系在箭上的绳，代指箭。

【译文】

孟子说：“王的不明智，不足奇怪。即使有一种天下最容易生长的植物，晒它一天，又冻它十天，也没有能够生长的。我和王相见的时候也太少了，我一离开大王，那些奸邪之人就到了，王即使有一点善良之心的萌芽，我有什么办法呢？下棋作为一种技艺，只是一种小技艺，但如果不专心致志地学习，也是学不会的。弈秋是全国闻名的下棋能手，叫弈秋同时教两个人下棋，其中一个专心致志，只听弈秋的话；另一个虽然也在听，但心里面总是觉得有天鹅要飞来，一心想着如何张弓搭箭去射它。这个人虽然与专心致志的那个人一起学习，却比不上那个人。是因为他的智力不如那个人吗？当然不是。”

11.10 孟子曰："鱼，我所欲也，熊掌亦我所欲也，二者不可得兼，舍鱼而取熊掌者也。生亦我所欲也，义亦我所欲也，二者不可得兼，舍生而取义者也。生亦我所欲，所欲有甚于生者，故不为苟得也；死亦我所恶，所恶有甚于死者，故患有所不辟①也。如使人之所欲莫甚于生，则凡可以得生者，何不用也？使人之所恶莫甚于死者，则凡可以辟患者，何不为也？由是则生而有不用也，由是则可以辟患而有不为也。是故所欲有甚于生者，所恶有甚于死者。非独贤者有是心也，人皆有之，贤者能勿丧耳。一箪食，一豆②羹，得之则生，弗得则死，呼尔③而与之，行道之人弗受；蹴尔④而与之，乞人不屑也。万钟则不辩礼义而受之，万钟于我何加焉？为宫室之美、妻妾之奉、所识穷乏者得⑤我与？乡为身死而不受，今为宫室之美为之；乡为身死而不受，今为妻妾之奉为之；乡为身死而不受，今为所识穷乏者得我而为之，是亦不可以已乎？此之谓失其本心。"

【注释】

①辟：同"避"。②豆：古代盛羹汤的器具。③呼尔：呵斥的样子。④蹴（cù）尔：以脚践踏。⑤得：通"德"，感激。

【译文】

孟子说："鱼是我想要的，熊掌也是我想要的，如果两者不能同时获得，便舍弃鱼，而选择熊掌。生命是我想要的，义也是我想要的，如果两者不能同时获得，便舍弃生命，而选择义。生命是我想要的，但我所想要的还有超过生命的，所以我不做苟且偷生的事；死亡是我所厌恶的，但是还有比死亡更为我所厌恶的，所以有的祸患我不躲避。如果人们所想要的没有超过生命的，那么，一切可以求得生存的方法,哪有不用的呢？如果人们所厌恶的没有超过死亡的,那么,一切可以避免祸患的事情,哪有不做的呢？(然而,有些人)由此而行,便可以得到生存，却不去做；由此而行，便可以避免祸患，却不去行,由此可知有比生命更为想要的东西,也有比死亡更为厌恶的东西。这种心不仅仅贤人有，人人都有，不过贤人能够保持它罢了。一竹筐饭，一碗汤，得到便活下去，得不到便死亡，呼喝着给予他，就是过路的饥饿的人都不会接受；脚踏过再给予他，就是乞丐也不屑于要；万钟的俸禄却不问合于礼义与否，就贸然接受了。万钟的俸禄对我有什么好处呢？为住宅的华丽、妻妾的侍奉和我所认识的贫困的人感激我吗？过去宁肯死亡也不接受的，今天却为了住宅的华丽而接受了；过去宁肯死亡也不接受的，今天却为了妻妾的侍奉而接受了；过去宁肯死亡也不接受的，今天却为了我所认识的贫困的人的感激而接受了，这难道不可以停下来吗？这叫作丧失了本心。”

11.11　孟子曰：“仁，人心也；义，人路也。舍其路而弗由，放[①]其心而不知求，哀哉！人有鸡犬放，则知求之；有放心而不知求。学问之道无他，求其放心而已矣。”

【注释】

①放：放任，失去。

【译文】

孟子说：“仁是人的本心，义是人的大道。放弃了大道不走，失去了本心而不知道寻求，真是悲哀啊！有的人，鸡狗丢失了倒知道去找回来，本心失去了却不知道去寻求。学问之道没有别的什么，不过就是把失去了的本心找回来罢了。”

11.12　孟子曰："今有无名之指屈而不信[1]，非疾痛害事也，如有能信之者，则不远秦楚之路，为指之不若人也。指不若人，则知恶之；心不若人，则不知恶。此之谓不知类[2]也。"

【注释】

① 信：同“伸”。② 不知类：不知轻重，舍本逐末。

【译文】

孟子说："现在有个人，他的无名指弯曲而不能伸直，虽然并不疼痛，也不妨碍做事情，但只要有人能使它伸直，他就是到秦国、楚国去，也不会嫌远，因为自己的无名指不如别人。无名指不如别人，就知道厌恶；心不如别人，却不知道厌恶。这叫作不知轻重。"

11.13　孟子曰："拱把[1]之桐梓，人苟欲生之，皆知所以养之者。至于身，而不知所以养之者，岂爱身不若桐梓哉？弗思甚也。"

【注释】

① 拱把：拱，两手所围。把，一手握满。

【译文】

孟子说："一两把粗的桐树、梓树，人们假如要使它生长起来，都知道如何去培养。至于本身，却不知道如何去培养，难道爱自己还不及爱桐树、梓树吗？真是太不动脑子了。"

11.14　孟子曰："人之于身也，兼所爱。兼所爱，则兼

所养也。无尺寸之肤不爱焉，则无尺寸之肤不养也。所以考其善不善者，岂有他哉？于己取之而已矣。体有贵贱，有小大。无以小害大，无以贱害贵。养其小者为小人，养其大者为大人。今有场师，舍其梧槚[①]，养其樲[②]棘，则为贱场师焉。养其一指而失其肩背，而不知也，则为狼疾[③]人也。饮食之人，则人贱之矣，为其养小以失大也。饮食之人无有失也，则口腹岂适[④]为尺寸之肤哉？"

【注释】

①梧槚（jiǎ）：梧，梧桐。槚，楸树。②樲（èr）：酸枣。③狼疾：同"狼藉"，昏乱，糊涂。④适（chì）：通"啻"，仅仅，只。

【译文】

孟子说："人对于身体，哪一部分都爱护。都爱护便都保养。没有一尺一寸的皮肤肌肉不爱护，便没有一尺一寸的皮肤肌肉不保养。考察他保养得好或者不好，难道有别的方法吗？只是看他所注重的是身体的哪一部分罢了。身体有重要部分，也有次要部分；有小的部分，也有大的部分。不要因为小的部分损害大的部分，不要因为次要部分损害重要部分。保养小的部分就是小人，保养大的部分就是君子。如果有一位园艺师，放弃梧桐、楸树，却去培养酸枣、荆棘，那就是个差劲的园艺师。如果有人只保养他的一个手指，却丧失了肩与背的功能，自己还不明白，那就是糊涂透顶的人了。只是讲究吃喝（而不顾思想意识的培养）的人，人家都轻视他，因为他保养了小的部分，丧失了大的部分。如果讲究吃喝的人不影响思想意识的培养，那么，吃喝的目的难道只是为了保养一寸肌肤吗？"

11.15　公都子问曰："钧是人也，或为大人，或为小人，何也？”

孟子曰：“从其大体为大人，从其小体为小人。”

曰：“钧是人也，或从其大体，或从其小体，何也？”

曰：“耳目之官不思，而蔽于物。物交物，则引之而已矣。心之官则思，思则得之，不思则不得也。此天之所与我者。先立乎其大者，则其小者不能夺也。此为大人而已矣。”

【译文】

公都子问道：“同样是人，有些是君子，有些是小人，什么缘故呢？”

孟子答道：“顺从重要器官需要的就成为德行完备的人，顺从次要器官需要的就成为平凡百姓。”

公都子问道：“同样是人，有的顺从重要器官的需要，有的顺从次要器官的需要，是什么缘故呢？”

孟子答道：“耳朵、眼睛这类的器官不会思考，所以容易被外物所蒙蔽。因此，一与外物接触，便被引向迷途了。心这个器官是用来思考的，一思考就觉悟，不思考就无法觉悟。这是上天赋予我们的。先确立重要的部分，次要的部分就不能取代它了。这样就可以成为德行完备的人了。”

11.16　孟子曰：“有天爵者，有人爵者。仁义忠信，乐善不倦，此天爵也；公卿大夫，此人爵也。古之人修其天爵，而人爵从之。今之人修其天爵，以要[①]人爵；既得人爵，而弃其天爵，则惑之甚者也，终亦必亡而已矣。”

【注释】

① 要（yāo）：求取，追求。

【译文】

孟子说："有自然爵位，有社会爵位。仁义忠信，不知疲倦地好善，这是自然爵位；公卿大夫，这是社会爵位。古代的人修养他的自然爵位，于是社会爵位随着来了。现在的人修养他的自然爵位，来追求社会爵位；已经得到了社会爵位，便放弃他的自然爵位，那就太糊涂了，结果连社会爵位也会失去的。"

11.17　孟子曰："欲贵者，人之同心也。人人有贵于己者，弗思耳。人之所贵者，非良贵也。赵孟[①]之所贵，赵孟能贱之。《诗》云：'既醉以酒，既饱以德。'言饱乎仁义也，所以不愿[②]人之膏粱[③]之味也；令闻广誉施于身，所以不愿人之文绣[④]也。"

【注释】

①赵孟：春秋时晋国正卿赵盾，字孟。其子孙也都称赵孟。②愿：羡慕。③膏粱：膏，肥肉。粱，精米。④文绣：古代有爵位之人穿的官服。

【译文】

孟子说："希望尊贵，这是人们的共同心理。不过，每个人自己其实都有可尊贵的东西，只不过平时没有去想它罢了。别人所给予的尊贵，并不是真正的尊贵。赵孟使你尊贵，赵孟也同样可以使你卑贱。《诗经》中说：'酒已经醉了，德已经饱了。'这是说仁义道德很充实，也就没必要羡慕别人的美味佳肴了；四方传播的好名声在我身上，也就不羡慕别人的绣花衣裳了。”

11.18　孟子曰：“仁之胜不仁也，犹水胜火。今之为仁者，犹以一杯水救一车薪之火也；不熄，则谓之水不胜火。此又与于不仁之甚者也，亦终必亡而已矣。”

【译文】

孟子说：“仁胜过不仁，就像水可以灭火一样。但如今奉行仁道的人，就像用一杯水去灭一车柴草所燃烧的大火一样；灭不了，就说是水不能够灭火。这样的说法正好又大大助长了那些不仁之徒，结果连他们原本奉行的一点点仁德也会丧失。”

11.19　孟子曰：“五谷者，种之美者也；苟为不熟，不如荑稗[①]。夫仁，亦在乎熟之而已矣。”

【注释】

① 荑稗（tí bài）：即“稊稗”。稊，稗类，结实很小，可以做家畜饲料，古人也用以备凶年。

【译文】

孟子说：“五谷是庄稼中的好品种，如果不能成熟，反而不及稊米和稗子。仁，也在于使它成熟罢了。”

11.20　孟子曰：“羿之教人射，必志于彀[①]；学者亦必志于彀。大匠诲人必以规矩，学者亦必以规矩。”

【注释】

① 志于彀（gòu）：志，期望。彀，把弓拉满。

【译文】

孟子说：“羿教人射箭，总是期望把弓拉满，学的人也总是期望把弓拉满。高明的工匠教人手艺必定依照一定的规矩，学的人也就必定依照一定的规矩。”

告子下

12.1　任[①]人有问屋庐子[②]曰：“礼与食孰重？”

曰：“礼重。”

“色与礼孰重？”

曰：“礼重。”

曰：“以礼食，则饥而死；不以礼食，则得食，必以礼乎？亲迎[③]，则不得妻；不亲迎，则得妻，必亲迎乎？”

屋庐子不能对，明日之邹以告孟子。

孟子曰：“于答是也，何有？不揣其本，而齐其末，方寸之木可使高于岑楼[④]。金重于羽者，岂谓一钩[⑤]金与一舆羽之谓哉？取食之重者与礼之轻者而比之，奚翅[⑥]食重？取色之重者与礼之轻者而比之，奚翅色重？往应之曰：‘紾[⑦]兄之臂而夺之食，则得食；不紾，则不得食，则将紾之乎？逾东家墙而搂其处子，则得妻；不搂，则不得妻，则将搂之乎？’”

【注释】

①任：春秋时国名，故址在今山东省济宁市。②屋庐子：孟子的弟子。③亲迎：古代婚姻制度，新郎亲迎新娘。④岑楼：尖顶高楼。⑤钩：衣带钩。⑥翅：同“啻”，止，但。⑦紾（zhěn）：扭转。

【译文】

有个任国人问屋庐子说：“礼和食哪个更重要？”

屋庐子说：“礼重要。”

那人问："娶妻和礼哪个更重要？"

屋庐子说："礼重要。"

那人又问："如果非要按照礼节才吃，就只有饿死；不按照礼节去吃，就可以得到吃的，那还是一定要按照礼节吗？如果非要按照亲迎的礼节娶妻，就娶不到妻子；不按照亲迎的礼节娶妻，就可以娶到妻子，那还是一定要亲迎吗？"

屋庐子不能回答，第二天就到邹国，把这话告诉了孟子。

孟子说："回答这个问题有什么困难呢？不衡量基础的高低，只比较顶端，那么，一块一寸见方的木头可以使它高过高楼的尖顶。我们说金子比羽毛重，难道是说一个衣带钩的金子比一车羽毛还重吗？拿吃的重要方面和礼的细节相比较，何止于吃的重要？拿娶妻的重要方面和礼的细节相比较，何止于娶妻重要？你去这样答复他：'扭折哥哥的胳膊，抢夺他的食物，就可以得到吃的；不扭，便得不到吃的，那会去扭吗？爬过东边人家的墙壁去搂抱人家的姑娘，就可以得到妻子；不去搂抱，便得不到妻子，那会去搂抱吗？'"

12.2　曹交问曰："人皆可以为尧舜，有诸？"

孟子曰："然。"

"交闻文王十尺，汤九尺，今交九尺四寸以长，食粟而已，如何则可？"

曰："奚有于是？亦为之而已矣。有人于此，力不能胜一匹雏，则为无力人矣；今曰举百钧，则为有力人矣。然则举乌获[①]之任，是亦为乌获而已矣。夫人岂以不胜为患哉？弗为耳。徐行后长者谓之弟，疾行先长者谓之不弟。夫徐行者，

岂人所不能哉？所不为也。尧舜之道，孝弟而已矣。子服尧之服，诵尧之言，行尧之行，是尧而已矣。子服桀之服，诵桀之言，行桀之行，是桀而已矣。”

曰：“交得见于邹君，可以假馆[②]，愿留而受业于门。”

曰：“夫道若大路然，岂难知哉？人病不求耳。子归而求之，有余师。”

【注释】

①乌获：古代传说中的大力士。②假馆：借客舍，意为找一个住处。

【译文】

曹交问道：“人人都可以做尧舜，有这说法吗？”

孟子说：“有。”

曹交说：“我听说文王身高一丈，汤身高九尺，如今我身高九尺四寸多，却只会吃饭罢了，要怎样做才行呢？”

孟子说：“这有什么关系呢？只要去做就行了。要是有人，自以为他连一只小鸡都提不起来，那他便是一个没有力气的人；如果有人说自己能够举起三千斤,那他就是一个很有力气的人。同样的道理，举得起乌获所举的重量的，也就是乌获了。人难道以不能胜任为忧患吗？只是不去做罢了。比如说，慢一点走，走在长者之后叫作悌，快一点走，抢在长者之前叫作不悌。那慢一点走难道做不到吗？不去做而已。尧舜之道，不过就是孝和悌罢了。你穿尧的衣服，说尧的话，做尧的事，你就是尧了。你穿桀的衣服，说桀的话，做桀的事，你就是桀了。”

曹交说：“我准备去拜见邹君，向他借个住处，希望留在您的门下做学生。”

孟子说：“道就像大路一样，难道难以了解吗？只怕人不去寻求罢了。你回去自己寻求吧，老师多得很。”

12.3　公孙丑问曰：“高子①曰：《小弁》，小人之诗也。”

孟子曰：“何以言之？”

曰：“怨。”

曰：“固哉，高叟之为诗也！有人于此，越人关弓而射之，则己谈笑而道之；无他，疏之也。其兄关弓而射之，则己垂涕泣而道之；无他，戚之也。《小弁》之怨，亲亲也。亲亲，仁也。固矣夫，高叟之为诗也！”

曰：“《凯风》何以不怨？”

曰：“《凯风》，亲之过小者也；《小弁》，亲之过大者也。亲之过大而不怨，是愈疏也；亲之过小而怨，是不可矶也。愈疏，不孝也；不可矶，亦不孝也。孔子曰：‘舜其至孝矣，五十而慕。’”

【注释】

① 高子：非孟子弟子高子，从孟子称其为“高叟”来看，应该年长于孟子。

【译文】

公孙丑问道：“高子说：《小弁》是小人所作的诗。”

孟子说：“为什么这么说呢？”

公孙丑答道：“因为诗章有怨恨之情。”

孟子说：“高老先生对诗的理解真是太呆板了！这里有个人，若是越国人张开弓去射他，他可以有说有笑地讲述这事；这没有别的原因，因为越国人和他关系疏远。若是他哥哥张开弓去射他，那他会哭哭啼啼地讲述这事；这没有别的原因，因为哥哥是亲人。《小弁》的怨恨，正是热爱亲人的缘故。热爱亲人，是合乎仁的。高老先生对诗的理解实在是太呆板了！”

公孙丑说：“《凯风》这一篇诗又为什么没有怨恨之情呢？”

孟子答道：“《凯风》这篇诗，是由于母亲的小过错；《小弁》这一篇诗，却是由于父亲的大过错。父母的过错大，却不抱怨，是更疏远父母的表现；父母的过错小，却去抱怨，是反而激怒自己。与父母更加疏远，这是不孝；反而使自己激怒，也是不孝。孔子说：‘舜是最孝顺的人吧，五十岁还依恋父母。’”

12.4　宋牼[①]将之楚，孟子遇于石丘[②]，曰：“先生将何之？”

曰：“吾闻秦、楚构兵[③]，我将见楚王说[④]而罢之。楚王不悦，我将见秦王说而罢之。二王我将有所遇[⑤]焉。”

曰：“轲也请无问其详，愿闻其指[⑥]。说之将何如？”

曰：“我将言其不利也。”

曰：“先生之志则大矣，先生之号[⑦]则不可。先生以利说秦、楚之王，秦、楚之王悦于利，以罢三军之师，是三军之士乐罢而悦于利也。为人臣者怀利以事其君，为人子者怀利以事其父，为人弟者怀利以事其兄，是君臣、父子、兄弟终去仁义，怀利以相接，然而不亡者，未之有也。先生以仁义说秦、楚之王，秦、楚之王悦于仁义，而罢三军之师，是三军之士乐罢而悦于仁义也。为人臣者怀仁义以事其君，为人子者怀仁义以事其父，为人弟者怀仁义以事其兄，是君臣、父子、兄弟去利，

怀仁义以相接也，然而不王者，未之有也。何必曰利？”

【注释】

① 宋牼（kēng）：战国时宋国著名学者，反对战争，主张和平。② 石丘：地名，其址不详。③ 构兵：交战。④ 说（shuì）：劝说。⑤ 遇：说而相合。⑥ 指：同“旨”，大概，大意。⑦ 号：提法。

【译文】

宋牼要到楚国去，孟子在石丘遇到了他，问道：“先生准备上哪儿去？”

宋牼说：“我听说秦国和楚国在交战，我想去见楚王，劝说他停战，如果楚王不高兴听，我再去见秦王，劝说他停战。两位君王中，我总会遇到能说得通的吧。”

孟子说：“我不想问详情，只想了解你的主要想法。你打算怎样去劝说呢？”

宋牼说：“我将向他们指出交战的不利之处。”

孟子说：“先生的用心诚然是好极了，先生的说法却行不通。先生用利去劝说秦王、楚王，秦王、楚王喜欢利而让军队休战，这样也就使三军官兵因为追求利才乐于停战。（要是都这样，）做臣子的怀着求利的念头侍奉国君，做儿子的怀着求利的念头侍奉父亲，做弟弟的怀着求利的念头侍奉哥哥，这会使君臣、父子、兄弟最终背离仁义，怀着求利的念头相互对待。这样的国家却不灭亡，是从来没有的。先生（如果）用仁义去劝说秦王、楚王，秦王、楚王喜爱仁义而让军队休战，这就会使三军官兵因为喜爱仁义而乐于停战。（要是都这样，）做臣子的心怀仁义侍奉国君，做儿子的心怀仁义侍奉父亲，做弟弟的心怀仁义侍奉哥哥，这样就会使君臣、父子、兄弟去掉求利的念头，而怀着仁义之心相互对待了。这样的国家还不能称王天下的，是从来没有的。何必要说利呢？”

12.5　孟子居邹，季任①为任处守，以币交，受之而不报。处于平陆②，储子为相，以币交，受之而不报。他日，由邹之任，见季子；由平陆之齐，不见储子。屋庐子喜曰：“连得间矣。”问曰：“夫子之任，见季子；之齐，不见储子，为其为相与？”

曰：“非也。《书》曰：‘享多仪，仪不及物曰不享，惟不役志于享。’为其不成享也。”

屋庐子悦。或问之。屋庐子曰：“季子不得之邹，储子得之平陆。”

【注释】

①季任：任国君主之弟。②平陆：今山东省汶上县。

【译文】

孟子住在邹国的时候，季任留守任国，代理国政，送礼物来和孟子交友，孟子接受了礼物，并不回访。当孟子住在平陆的时候，储子做齐国的卿相，也送礼物来和孟子交友，孟子接受了，并不回访。过了一些时日，孟子从邹国到任国，拜访了季子；从平陆到齐都，却不去拜访储子。屋庐子高兴地说：“我找到了老师的差错了。”便问道：“老师到任国，拜访季子；到齐都，不拜访储子，是因为储子的官职只是卿相吗？”

孟子答道：“不是。《尚书》说过：‘进献之礼可贵的是仪节，如果仪节不够，礼物虽多，只能叫作没有进献，因为进献人的心意并没有用在这上面。’这是他没有完成那进献的缘故。”

屋庐子很高兴。有人问他，他说："季子不能够亲身去邹国，储子却能够亲身去平陆（，他为什么只送礼而不自己去呢）。"

12.6　淳于髡曰："先名实[①]者，为人也；后名实者，自为也。夫子在三卿[②]之中，名实未加于上下而去之，仁者固如此乎？"

孟子曰："居下位，不以贤事不肖者，伯夷也；五就汤，五就桀者，伊尹也；不恶污君，不辞小官者，柳下惠也。三子者不同道，其趋一也。一者何也？曰：仁也。君子亦仁而已矣，何必同？"

曰："鲁缪公之时，公仪子[③]为政，子柳[④]、子思为臣，鲁之削也滋甚[⑤]；若是乎，贤者之无益于国也！"

曰："虞不用百里奚而亡，秦缪公用之而霸。不用贤则亡，削何可得与？"

曰："昔者王豹[⑥]处于淇，而河西善讴；绵驹处于高唐[⑦]，而齐右善歌；华周、杞梁之妻善哭其夫而变国俗。有诸内，必形诸外。为其事而无其功者，髡未尝睹之也。是故无贤者也；有则髡必识之。"

曰："孔子为鲁司寇，不用，从而祭，燔肉不至，不税冕而行。不知者以为为肉也，其知者以为为无礼也。乃孔子则欲以微罪行，不欲为苟去。君子之所为，众人固不识也。"

【注释】

①名实：名，声誉。实，事功。②三卿：指上卿、亚卿、下卿而言。③公仪子：即公仪休。④子柳：即泄柳。⑤鲁之削也滋甚：鲁国疆土被别国侵犯更加严重。⑥王豹：齐国人。⑦高唐：在今山东省

禹城市西南。

【译文】

淳于髡说："重视名望功业，是为了经世济民；轻视名望功业，是为了洁身自好。先生的地位在齐国的三卿之中，但就名望功业来说，上不能匡正君主，下不能拯救百姓，就辞官而去，仁人本该就是这样的吗？"

孟子说："处在低下的地位，不以贤人的身份侍奉不贤的君主，这是伯夷的态度；五次到汤那里做事，五次到桀那里做事，这是伊尹的态度；不讨厌昏庸的君主，不拒绝微小的官职，这是柳下惠的态度。三个人做法不同，方向是一致的。一致的是什么？就是仁。君子只要仁就行了，何必要处处相同？"

淳于髡说："鲁缪公的时候，公仪子掌管政事，子柳、子思也在朝做官，然而鲁国疆土被别国侵犯却更加严重，贤人对国家没什么好处，就像这样！"

孟子说："（从前，）虞国因为不用百里奚而亡国，秦穆公用了他就称霸。（可见）不用贤人就会亡国，（到那时，只是想）割让点地方办得到吗？"

淳于髡说："从前王豹居住在淇水边，河西的人因此而善于唱歌；绵驹居住在高唐，齐国西部的人因此而善于唱歌；华周、杞梁的妻子为丈夫的死而哭得异常伤心，因而改变了一国的风气。内心有什么，必然会显露在外面。做了一件事而不见一件事的功效，我还没有见过这种情况。所以现在是没有贤人，要有，我一定会知道的。"

孟子说："孔子担任鲁国的司寇，不受信任，有一次跟随（鲁君）去祭祀，祭肉不按规定送来，于是顾不上脱掉祭祀时所戴的祭帽就走了。不了解孔子的，以为他是为了那点祭肉而离开的，了解孔子的，只认为他是因为鲁国的失礼而离开的。至于孔子，却正想担点儿（这一类的）小罪名离开，不想随便弃官而去。君子所做的事，一般人本来就是不理解的。”

12.7　孟子曰：“五霸①者，三王②之罪人也；今之诸侯，五霸之罪人也；今之大夫，今之诸侯之罪人也。天子适诸侯曰巡狩，诸侯朝于天子曰述职。春省耕而补不足，秋省敛而助不给。入其疆，土地辟，田野治，养老尊贤，俊杰在位，则有庆③；庆以地。入其疆，土地荒芜，遗老失贤，掊克④在位，则有让⑤。一不朝，则贬其爵；再不朝，则削其地；三不朝，则六师⑥移之。是故天子讨而不伐，诸侯伐而不讨。五霸者，搂诸侯以伐诸侯者也，故曰，五霸者，三王之罪人也。五霸，桓公为盛。葵丘⑦之会，诸侯束牲⑧载书⑨而不歃血。初命曰，诛不孝，无易树子，无以妾为妻。再命曰，尊贤育才，以彰有德。三命曰，敬老慈幼，无忘宾旅。四命曰，士无世官，官事无摄，取士必得，无专杀大夫。五命曰，无曲防，无遏籴，无有封而不告。曰，凡我同盟之人，既盟之后，言归于好。今之诸侯皆犯此五禁，故曰，今之诸侯，五霸之罪人也。长君之恶其罪小，逢君之恶其罪大。今之大夫皆逢君之恶，故曰，今之大夫，今之诸侯之罪人也。”

【注释】

① 五霸：齐桓公、晋文公、秦穆公、宋襄公、楚庄王。② 三王：夏禹，商汤，周文王、周武王。③ 庆：赏赐。④ 掊克：聚敛、搜刮

民财。⑤ 让：责罚。⑥ 六师：军队。⑦ 葵丘：地名，春秋时属宋，在今河南省兰考县境内。⑧ 束牲：古代定盟多用牺牲，或杀，或不杀。⑨ 载书：载是动词，加。书即指盟辞。

【译文】

孟子说："五霸，对三王说来，是有罪之人；现在的诸侯，对五霸说来，又是有罪的人；现在的大夫，对现在的诸侯说来，又是有罪之人。天子到诸侯国叫作巡狩，诸侯朝见天子叫作述职。（天子的巡狩，）春天考察耕种情况，补助不足的人；秋天考察收获情况，周济不够的人。一进到某国的疆界，如果土地已经开辟，田野整治，老人被赡养，贤者被尊敬，杰出的人才在位，那么就有赏赐，赏赐用土地。如果一进到某国的疆界，土地荒废，老人被遗弃，贤者不被任用，搜刮钱财的人立于朝廷，那么就有责罚。（诸侯的述职，）一次不朝，就降低爵位；两次不朝，就削减土地；三次不朝，就派军队讨伐。所以天子用武力是'讨'，不是'伐'；诸侯则是'伐'，不是'讨'。五霸，是挟持一部分诸侯来攻伐另一部分诸侯的人，所以我说，五霸，对三王说来，是有罪的人。五霸，齐桓公威望最高。在葵丘的一次盟会，捆绑了牺牲，把盟约放在它身上，（因为相信诸侯不敢负约，）就没有歃血。第一条盟约说：诛罚不孝之人，不要改立太子，不要立妾为妻。第二条盟约说：尊重贤人，培育人才，来表彰有德者。第三条盟约说：尊老爱幼，不怠慢贵宾和旅客。第四条盟约说：士人的官职不要世代相传，公家职务不要兼任，录用士子一定要得当，不要独断专行地杀戮大夫。第五条盟约说：不要到处筑堤，不要禁止邻国来采购粮食，不要有所封赏而不通报（盟主）。最后说：所有我们参与盟会的人从订立盟约以后，完全恢复旧日的友好。今日的诸侯都违犯了这五条禁令，所以说，今天的诸侯，对五霸说来是有罪之人。君主有过，臣下加以助长，这罪行还小；君主有过，臣下加以逢迎，这罪行可大了。而今天的大夫，都逢迎君主的过错，所以说，今天的大夫，对诸侯说来又是有罪之人。”

12.8　鲁欲使慎子①为将军。孟子曰："不教民而用之，谓之殃民。殃民者，不容于尧舜之世。一战胜齐，遂有南阳②，然且不可。"

慎子勃然不悦曰："此则滑厘所不识也。"

曰："吾明告子。天子之地方千里；不千里，不足以待诸侯。诸侯之地方百里；不百里，不足以守宗庙之典籍。周公之封于鲁，为方百里也；地非不足，而俭于百里。太公之封于齐也，亦为方百里也；地非不足也，而俭于百里。今鲁方百里者五，子以为有王者作，则鲁在所损乎，在所益乎？徒取诸彼以与此，然且仁者不为，况于杀人以求之乎？君子之事君也，务引其君以当道，志于仁而已。"

【注释】

①慎子：鲁国将军，名滑厘。②南阳：今山东省泰安市西南一带。

【译文】

鲁国想叫慎子担任将军。孟子说："不先训练百姓就用他们打仗，这叫坑害百姓。坑害百姓的人，在尧、舜时代是不被容许的。（现在即使鲁国）一仗就打赢了齐国，收回了南阳，这样也是不可以的。"

慎子顿时不高兴地说："这我就听不明白了。"

孟子说："我来明白地告诉你。天子的土地千里见方；不到千里见方，就不足以接待诸侯。诸侯的土地百里见方；不足百里见方，就不足以行祭祀之礼。（当年）周公分封在鲁地，是百里见方的土地；土地不是不够，但也只不过百里见方。太公分封在齐地，也是百里见方的土地；也不是土地不够，却只不过百里见方。现在鲁国的土地有五个百里见方那么大，你认为，如果有圣王出现，那么鲁国的土地应该在削减之列呢？还是在增加之列呢？不费力就把那里的土地取来并入这里，这样的事仁人尚且不做，何况用杀人来求取土地呢？君子侍奉君主，应该专心一意地引导君主走正道，立志于仁罢了。"

12.9 孟子曰："今之事君者皆曰：'我能为君辟土地，充府库。'今之所谓良臣，古之所谓民贼也。君不乡道①，不志于仁，而求富之，是富桀也。'我能为君约与国②，战必克。'今之所谓良臣，古之所谓民贼也。君不乡道，不志于仁，而求为之强战，是辅桀也。由今之道，无变今之俗，虽与之天下，不能一朝居也。"

【注释】

① 乡道：向往道德。乡，同"向"，向往。② 与国：盟国。

【译文】

孟子说："如今侍奉国君的人都说：'我能为国君开拓土地，充实府库。'如今所谓的良臣，正是古代所说的残害百姓的人。国君不向往道德，不立志行仁，却设法让他富有，这等于是去让夏桀富有。（又说：）'我能够替国君邀约盟国，每战必胜。'如今所谓的良臣，正是古代所说的残害百姓的人。国君不向往道德，不立志行仁，却设法让他武力强大，这等于是去帮助夏桀。沿着目前这条道路走下去，不改变如今的风气，即使把整个天下给他，也是一天都坐不安稳的。”

12.10　白圭[①]曰：“吾欲二十而取一，何如？”

孟子曰：“子之道，貉[②]道也。万室之国，一人陶，则可乎？”

曰：“不可，器不足用也。”

曰：“夫貉，五谷不生，惟黍生之；无城郭、宫室、宗庙、祭祀之礼，无诸侯币帛饔飧[③]，无百官有司，故二十取一而足也。今居中国，去人伦，无君子，如之何其可也？陶以寡，且不可以为国，况无君子乎？欲轻之于尧舜之道者，大貉、小貉也；欲重之于尧舜之道者，大桀、小桀也。”

【注释】

① 白圭：名丹，曾在魏国为官，筑堤治水很有名。② 貉：古代北方的一个小国。③ 饔（yōng）飧：用饮食来招待客人的礼节。

【译文】

白圭说：“我想采用二十抽一的税率，怎么样？”

孟子说：“你的做法是貉国的做法。一万户的国家，只有一个人做陶器，可以吗？”

白圭说：“不可以，因为陶器会不够用。”

孟子说：“貉国，五谷不能生长，只有黍能成活；没有城墙、宫廷、宗庙和祭祀的礼节，没有诸侯之间的往来送礼和宴饮，也没有各种衙署和官吏，所以二十抽一就够了。如今在中原国家，废止社会伦常，取消各级官吏，那怎么能行呢？做陶器的人太少，尚且不够国人使用，何况没有官吏呢？想要税率比尧舜更轻的，那就是大貉、小貉；想要税率比尧舜更重的，那就是大桀、小桀。”

12.11　白圭曰："丹之治水[①]也愈于禹。"

孟子曰："子过矣。禹之治水，水之道也，是故禹以四海为壑[②]。今吾子以邻国为壑。水逆行谓之泽水。泽水者，洪水也，仁人之所恶也。吾子过矣。"

【注释】

① 丹之治水：白圭治水的方法，据《韩非子·喻老篇》记载，主要在于筑堤塞穴，所以孟子要指责他"以邻国为壑"。② 壑：本义为沟壑，这里扩大其义，指受水处。

【译文】

白圭说："我治理水患比大禹还强。"

孟子说："你错了。大禹治理水患，是顺着水的本性进行疏导，所以使水流注于四海。如今你却使水流到邻近的国家去。水逆流而行叫作泽水。泽水就是洪水，这是仁慈的人厌恶的。你错了。"

12.12　孟子曰："君子不亮[①]，恶乎执？"

【注释】

① 亮：同"谅"，诚信。

【译文】

孟子说："君子不讲诚信，怎么能够有操守呢？"

12.13　鲁欲使乐正子[①]为政。孟子曰："吾闻之，喜而不寐。"

公孙丑曰："乐正子强乎？"

曰："否。"

"有知虑乎？"

曰："否。"

"多闻识乎？"

曰："否。"

"然则奚为喜而不寐？"

曰："其为人也好善。"

"好善足乎？"

曰："好善优于天下②，而况鲁国乎？夫苟好善，则四海之内皆将轻③千里而来告之以善；夫苟不好善，则人将曰：訑訑④，予既⑤已知之矣。'訑訑之声音颜色距⑥人于千里之外。士止于千里之外，则谗谄面谀⑦之人至矣。与谗谄面谀之人居，国欲治，可得乎？"

【注释】

①乐正子：复姓乐正，名克。②优于天下：优于治天下的意思。优，充足。③轻：易，容易，不以为难。④訑訑：自满的样子。⑤既：尽，都。⑥距：同"拒"。⑦谗谄面谀：谗，说陷害人的坏话。谄，巴结，奉承。谀，讨好逢迎。

【译文】

鲁国打算让乐正子治理国家。孟子说："我听到这一消息，高兴得睡不着觉。"

公孙丑问："乐正子很有能力吗？"

孟子说："不。"

公孙丑问："有智慧有远见吗？"

孟子说："不。"

公孙丑问："见多识广吗？"

孟子说："不。"

公孙丑问："那您为什么高兴得睡不着觉呢？"

孟子答道："他为人喜欢听取善言。"

公孙丑问："喜欢听取善言就够了吗？"

孟子说："喜欢听取善言足以治理天下，何况治理鲁国呢？假如喜欢听取善言，四面八方的人从千里之外都会赶来把善言告诉他；假如不喜欢听取善言，那别人就会（模仿他）说：'呵呵，我都已经知道了！'呵呵的声音和脸色就会把别人拒绝于千里之外。士人止步于千里之外，那些进谗言的阿谀奉承之人就会来到。与那些进谗言的阿谀奉承之人住在一起，要想治理好国家，办得到吗？"

12.14 陈子[①]曰："古之君子何如则仕？"

孟子曰："所就三，所去三。迎之致敬以有礼；言，将行其言也，则就之。礼貌未衰，言弗行也，则去之。其次，虽未行其言也，迎之致敬以有礼，则就之。礼貌衰，则去之。其下，朝不食，夕不食，饥饿不能出门户，君闻之，曰：'吾大者不能行其道，又不能从其言也，使饥饿于我土地，吾耻之。'周之，亦可受也，免死而已矣。"

【注释】

① 陈子：孟子弟子陈臻。

【译文】

陈子问道："古代的君子怎样才肯做官？"

孟子说："去做官有三种情况，辞去官职有三种情况。（君主）恭敬礼貌地迎接他，并将按他所说的去实行，那就去做官。礼貌没有衰减，却不再按他说的去做了，那就辞去官职。其次，虽然没有按他说的去做，但也恭敬礼貌地迎接他去，那就去做官。一旦礼貌也衰减了，那就辞去官职。最差的是，早上没饭吃，晚上也没饭吃，饿得出不了门，君主知道后说：'我在大政上不能实行他的主张，又不能听取他的言论，致使他在我的国土上又饥又饿，对此我感到耻辱。'于是周济他。这也是可以接受的，是为了免于饿死罢了。"

12.15 孟子曰："舜发于畎亩①之中，傅说②举于版筑③之间，胶鬲④举于鱼盐之中，管夷吾举于士⑤，孙叔敖⑥举于海，百里奚举于市⑦。故天将降大任于是人也，必先苦其心志，劳其筋骨，饿其体肤，空乏其身，行拂乱其所为，所以动心忍性，曾⑧益其所不能。人恒过，然后能改；困于心，衡⑨于虑，而后作；征⑩于色，发于声，而后喻。入则无法家拂士，出则无敌国外患者，国恒亡。然后知生于忧患而死于安乐也。"

【注释】

①畎亩：田间，田地。②傅说：殷武丁时人，曾为刑徒，在傅险筑墙，后被武丁发现，举用为相。③版筑：一种筑墙工作，在两块墙版中，填入泥土夯实。④胶鬲：殷纣王时人，曾以贩卖鱼、盐为生，周文王把他举荐给纣，后辅佐周武王。⑤管夷吾：管仲。士：此处指狱囚管理者。当年齐桓公和公子纠争夺君位，公子纠失败后，管仲随他一起逃到鲁国，齐桓公知道他贤能，所以要求鲁君

杀死公子纠，而把管仲押回自己处理。鲁君于是派狱囚管理者押管仲回国，结果齐桓公用管仲为宰相。⑥ 孙叔敖：是春秋时楚国的隐士，隐居海边，被楚王发现后任为令尹（宰相）。⑦ 百里奚举于市：春秋时的贤人百里奚，流落在楚国，秦穆公用五张羊皮的价格把他买回，任为宰相，所以说“举于市”。⑧ 曾：同“增”。⑨ 衡：通“横”，指横塞。⑩ 征：表征，表现。

【译文】

孟子说：“舜在田野中兴起，傅说从筑墙的苦役中被提拔出来，胶鬲从鱼盐贩子中被提拔出来，管夷吾从狱官手中被释放而提拔出来，孙叔敖从海边的隐居生活中被提拔出来，百里奚从买卖场所被提拔出来。所以天要把重任降临在某人身上，必定要先使他的心志受困苦，使他的筋骨受劳累，使他的身体受饥饿，使他的身子受困乏，使他每做一事都受干扰、被打乱，以此来使他内心受触动、性格变坚韧，增加他所缺少的才能。一个人常有过失，才有机会改正；心志遭困苦，思虑被阻塞，才能奋发有为；表露在脸色上，抒发在言语中，才能使人了解。一个国家，在内没有遵守法度的大臣和辅佐君主的人，在外没有势均力敌的国家和外患的威胁，国家迟早会灭亡。这样，就能明白忧患中能获得生存、安乐中会遭致灭亡的道理了。”

12.16　孟子曰：“教亦多术矣。予不屑之教诲也者，是亦教诲之而已矣。”

【译文】

孟子说：“教育也有多种方式方法。我不屑于教诲他，本身就是对他的教诲。”

尽心上

13.1　孟子曰："尽其心者，知其性也。知其性，则知天矣。存其心，养其性，所以事天也。殀寿不贰，修身以俟之，所以立命也。"

【译文】

孟子说："极力发展人的善良的本心，就可以认识到人的本性。认识了人的本性，就知道了天命。保持心灵的思考，涵养本性，这就是对待天命的方法。无论短命还是长寿都一心一意地修身以等待天命，这就是安身立命的方法。"

13.2　孟子曰："莫非命也，顺受其正。是故知命者不立乎岩墙①之下。尽其道而死者，正命也；桎梏②死者，非正命也。"

【注释】

①岩墙：即将倒塌的墙。②桎梏：拘禁犯人的刑具。

【译文】

孟子说："无一不是命运，顺应它就承受正常的命运。所以懂得命运的人不站在危险的墙下。尽力行道而死的人，所承受的是正常的命运；犯罪受刑而死的人，所承受的是非正常的命运。"

13.3　孟子曰："求则得之，舍则失之，是求有益于得也，

求在我者也。求之有道，得之有命，是求无益于得也，求在外者也。”

【译文】

孟子说：“追求就能得到它，舍弃就会失掉它，这种追求就有益于得到，因为所追求的是我自身固有的东西。追求它有方法，得到它靠命运，这样追求无益于得到，因为所追求的是我自身以外的东西。”

13.4　孟子曰：“万物皆备于我矣。反身而诚，乐莫大焉。强恕而行，求仁莫近焉。”

【译文】

孟子说：“万物我都具备了。反躬自问，诚实无欺，就是最大的快乐。尽力按推己及人的恕道办事，就是最接近仁德的道路。”

13.5　孟子曰：“行之而不著焉，习矣而不察焉，终身由之而不知其道者，众也。”

【译文】

孟子说：“实行了却不明白为何这样做，习以为常却不问个所以然，一生遵循却不知它的道理，这就是一般人。”

13.6　孟子曰：“人不可以无耻，无耻之耻，无耻矣。”

【译文】

孟子说：“人不可以不知羞耻，不知羞耻的那种羞耻，真是不知羞耻啊！”

13.7 孟子曰："耻之于人大矣！为机变[1]之巧者，无所用耻焉。不耻不若人，何若人有？"

【注释】

① 机变：机谋，权诈。

【译文】

孟子说："羞耻之心对于人至关重要！搞阴谋诡计的人是不知羞耻的。不以赶不上别人为羞耻，怎么赶得上别人呢？"

13.8 孟子曰："古之贤王好善而忘势；古之贤士何独不然？乐其道而忘人之势，故王公不致敬尽礼，则不得亟[1]见之。见且由不得亟，而况得而臣之乎？"

【注释】

① 亟（qì）：多次。

【译文】

孟子说："古代的贤明君王喜欢听取善言，不把自己的权势放在心上；古代的贤能之士又何尝不是这样呢？乐于自己的学说，不把他人的权势放在心上，所以，即使是王公贵族，如果不对他恭敬地尽到礼数，也不能够多次和他相见。相见的次数尚且不能够多，何况要他做臣下呢？"

13.9 孟子谓宋勾践曰："子好游乎？吾语子游。人知之，亦嚣嚣；人不知，亦嚣嚣。"

曰："何如斯可以嚣嚣矣？"

曰："尊德乐义，则可以嚣嚣矣。故士穷不失义，达不离道。穷不失义，故士得己焉；达不离道，故民不失望焉。古之人，得志，泽加于民；不得志，修身见于世。穷则独善其身，达则兼善天下。"

【译文】

孟子对宋勾践说："你喜欢游说各国的君主吗？我告诉你游说的态度。别人知道我，我自得其乐；别人不知道我，我也自得其乐。"

宋勾践说："怎样才能做到自得其乐呢？"

孟子答道："尊崇德，爱好义，就可以自得其乐了。所以，士人穷困时，不失掉义；显达时，不离开道。穷困时不失掉义，所以自得其乐；显达时不离开道，所以百姓不致失望。古代的人，显达，恩泽普施于百姓；不得志，修养个人品德，以此表现于世人。穷困便独善其身，显达便兼善天下。"

13.10　孟子曰："待文王而后兴者，凡民也。若夫豪杰之士，虽无文王犹兴。"

【译文】

孟子说："一定要等到文王出现后奋发的，是一般百姓。至于出色的人才，纵使没有文王出现，也能奋发起来。"

13.11　孟子曰："附①之以韩、魏之家②，如其自视欿③然，则过人远矣。"

【注释】

①附：增强。②韩、魏之家：春秋时晋国的韩氏、魏氏两家大臣。

③ 欿（kǎn）：不自满。

【译文】

孟子说："把韩、魏两家的财富都送给他，如果他并不自满，就远远超出一般人。"

13.12　孟子曰："以佚道使民，虽劳不怨。以生道杀民，虽死不怨杀者。"

【译文】

孟子说："为了使百姓安逸而去役使百姓，百姓虽然劳苦，也不怨恨。为了使百姓生存而杀百姓，百姓虽被杀，也不会怨恨杀他的人。"

13.13　孟子曰："霸者之民驩虞[①]如也，王者之民皞皞如也。杀之而不怨，利之而不庸[②]，民日迁善而不知为之者。夫君子所过者化，所存者神，上下与天地同流，岂曰小补之哉？"

【注释】

① 驩虞：欢娱。② 庸：酬功。

【译文】

孟子说："称霸诸侯者的百姓欢喜雀跃，称王天下者的百姓怡然自得。百姓被杀却不怨恨，得到好处也不知感谢，一天天趋向善的方向，却不知道谁使他们这样。真正的君子，所过之处人们受到感化，所停留驻足之外，影响更加神妙，他的精神上下与天地一起流动，这难道说仅仅是小有补益吗？"

13.14　孟子曰："仁言不如仁声之入人深也，善政不如

善教之得民也。善政，民畏之；善教，民爱之。善政得民财，善教得民心。”

【译文】

孟子说：“仁德的言语不如仁德的声望深入人心，良好的政治不如良好的教育赢得民心。良好的政治，百姓畏惧它；良好的教育，百姓爱慕它。良好的政治能够聚敛百姓的财富，良好的教育能够赢得民众的拥护。”

13.15　孟子曰：“人之所不学而能者，其良能也；所不虑而知者，其良知也。孩提之童无不知爱其亲者，及其长也，无不知敬其兄也。亲亲，仁也；敬长，义也；无他，达之天下也。”

【译文】

孟子说：“人无需学习便能做到的，是良能；无需思考便会知道的，是良知。两三岁的小孩儿没有不爱他父母的，等到他长大，没有不知道恭敬兄长的。亲爱父母是仁，恭敬兄长是义，这没有其他原因，因为这两种品德可以通行于天下。”

13.16　孟子曰：“舜之居深山之中，与木石居，与鹿豕游，其所以异于深山之野人者几希。及其闻一善言，见一善行，若决江河，沛然莫之能御也。”

【译文】

孟子说：“舜住在深山之中，与树木、石头相处，与麋鹿、野猪往来，跟深山中的野人不同的地方很少。等到他听到一句善言，看到一桩好的行为，他的善性就好像决了口的江河，浩浩荡荡没有什么力量可以阻止。”

13.17　孟子曰：“无为其所不为，无欲其所不欲，如此而已矣。”

【译文】

孟子说：“不做不该做的，不要不该要的，这样就可以了。”

13.18　孟子曰：“人之有德慧术知①者，恒存乎疢疾②。独孤臣孽子③，其操心也危④，其虑患也深，故达。”

【注释】

①德慧术知：德行、智慧、道术、才智。②疢疾：灾患。③孽子：古代男子常一夫多妻，非嫡妻所生之子叫作庶子，也叫孽子，地位卑贱。④危：不安。

【译文】

孟子说：“人之所以有德行、智慧、道术、才智，常常是因为生活在忧患之中。只有那些被疏远的大臣、贱妾所生的儿子，他们时常提高警惕，考虑祸患非常深远，所以才通达事理。”

13.19　孟子曰：“有事君人者，事是君则为容悦者也；有安社稷臣者，以安社稷为悦者也；有天民者，达可行于天下而后行之者也；有大人者，正己而物正者也。”

【译文】

孟子说：“有侍奉君主的人，那是侍奉某个君主，就一味讨他喜欢的人；有安定国家之臣，那是以安定国家为乐的人；有天民，那是他的道能行于天下时，然后去实行的人；有大人，那是端正了自己，外物便随着端正了的人。”

13.20　孟子曰：“君子有三乐，而王天下不与存焉。父母俱存，兄弟无故，一乐也；仰不愧于天，俯不怍于人，二乐也；得天下英才而教育之，三乐也。君子有三乐，而王天下不与存焉。”

【译文】

孟子说：“君子有三种乐趣，但是称王天下并不在其中。父母健在，兄弟平安，是第一种乐趣；抬头无愧于天，低头无愧于人，是第二种乐趣；得到天下优秀人才而对他们进行教育，是第三种乐趣。君子有三种乐趣，但是称王天下并不在其中。”

13.21　孟子曰：“广土众民，君子欲之，所乐不存焉；中天下而立，定四海之民，君子乐之，所性不存焉。君子所性，虽大行不加焉，虽穷居不损焉，分定故也。君子所性，仁义礼智根于心，其生色也睟然，见于面，盎①于背，施②于四体，四体不言而喻。”

【注释】

①盎（àng）：显现。②施：延及。

【译文】

孟子说：“拥有广大的土地、众多的人民，是君子所希望的，但是乐趣不在这里；居于天下的中央，安定天下的百姓，君子以此为乐，但是本性不在这里。君子的本性，即使抱负实现也不会增加，即使穷困隐居也不会减少，本分已经固定了的缘故。君子的本性，仁义礼智根植在他心中，而发出来的神色纯和温润，它表现于颜面，显现于肩背，延伸到手足四肢，在四肢的动作上，不必言语，别人一目了然。”

13.22　孟子曰：“伯夷辟纣，居北海之滨，闻文王作，兴曰：‘盍归乎来，吾闻西伯善养老者。’太公辟纣，居东海之滨，闻文王作，兴曰：‘盍归乎来，吾闻西伯善养老者。’天下有善养老，则仁人以为己归矣。五亩之宅，树墙下以桑，匹妇蚕之，则老者足以衣帛矣。五母鸡，二母彘，无失其时，老者足以无失肉矣。百亩之田，匹夫耕之，八口之家足以无饥矣。所谓西伯善养老者，制其田里，教之树畜，导其妻子使养其老。五十非帛不暖，七十非肉不饱。不暖不饱，谓之冻馁。文王之民无冻馁之老者，此之谓也。”

【译文】

孟子说：“伯夷躲避纣王，住在北海海边，听说文王兴起，便说：‘何不归附到西伯那里去呢！我听说他是善于养老的人。’姜太公躲避纣王，住在东海海边，听说文王兴起，便说：‘何不归附到西伯那里去呢！我听说他是善于养老的人。’天下有善于养老的人，那仁人便把他作为自己的依靠了。五亩地的房屋，在墙下栽种桑树，妇女养蚕缫丝，老年人足以有丝绸穿了。五只母鸡，两头母猪，加以饲养，使它们繁殖，老年人足以有肉吃了。百亩的土地，男子去耕种，八口人的家庭足以吃饱了。所谓西伯善于养老，就在于他制定土地制度，教育人们栽种畜牧，引导百姓奉养他们的老人。五十岁，没有丝绸便穿不暖；

七十岁，没有肉便吃不饱。穿不暖、吃不饱，叫作挨冻受饿。文王的百姓没有挨冻受饿的，说的就是这个情况。”

13.23　孟子曰：“易[1]其田畴[2]，薄其税敛，民可使富也。食之以时，用之以礼，财不可胜用也。民非水火不生活，昏暮叩人之门户求水火，无弗与者，至足矣。圣人治天下，使有菽粟如水火。菽粟如水火，而民焉有不仁者乎？”

【注释】

① 易：治。② 田畴：田地。

【译文】

孟子说：“整治耕地，减轻税收，可以使百姓富足。按时饮食，依礼消费，财物是用不尽的。百姓没有水和火便不能生存，黄昏夜晚敲别人的门户来找水火，没有不给的，为什么呢？水火极多的缘故。圣人治理天下，要使粮食像水火那样充足。粮食像水火那样充足，百姓哪有不仁爱的呢？”

13.24　孟子曰：“孔子登东山而小鲁，登泰山而小天下，故观于海者难为水，游于圣人之门者难为言。观水有术，必观其澜。日月有明，容光必照焉。流水之为物也，不盈科不行；君子之志于道也，不成章不达。”

【译文】

孟子说：“孔子登上东山，便觉得鲁国小了；登上泰山，便觉得天下也小了；所以对于看过大海的人，别的水便难于吸引他了；对于曾在圣人之门学习过的人，别的言论就难于吸引他了。看水有方法，一定要看它壮阔的波澜。太阳、月亮都有光辉，一点儿缝隙都一定能照到。流水这个东西不把洼地流满，不再向前流；君子有志于道，不到一定的程度，就不能通达。”

13.25　孟子曰：“鸡鸣而起，孳孳为善者，舜之徒也；鸡鸣而起，孳孳为利者，跖之徒也。欲知舜与跖之分，无他，利与善之间也。”

【译文】

孟子说：“鸡叫便起来，努力行善的人，是舜一类的人；鸡叫便起来，努力求利的人，是跖一类的人。想知道舜和跖的区别，没有别的，利和善的不同罢了。”

13.26　孟子曰：“杨子取①为我，拔一毛而利天下，不为也。墨子兼爱，摩顶放踵②利天下，为之。子莫③执中。执中为近之。执中无权，犹执一也。所恶执一者，为其贼道也，举一而废百也。”

【注释】

①取：主张。②摩顶放踵：摩秃头顶，走破脚跟。③子莫：鲁国贤人。

【译文】

孟子说：“杨子主张为我，拔一根汗毛而有利于天下，都不肯做。墨子主张兼爱，摩秃头顶，走破脚跟，只要对天下有利，他都去做。子莫就主张中道。主张中道便差不多了。但是主张中道如果没有灵活性，不懂得变通的办法，便是执着于一点。为什么厌恶执着于一点呢？它损害了正道，只是拿起一点而废弃了其余的缘故。”

13.27　孟子曰："饥者甘食，渴者甘饮，是未得饮食之正也，饥渴害之也。岂惟口腹有饥渴之害？人心亦皆有害。人能无以饥渴之害为心害，则不及人不为忧矣。"

【译文】

孟子说："饥饿的人觉得什么食物都好吃，口渴的人觉得什么水都好喝。这是没有尝到饮食的正常滋味，是饥饿干渴损害了口腹的缘故。难道仅仅口腹有饥饿干渴的损害吗？人心也有这种损害。如果人们（能够经常培养心志，）不使它遭受口腹的饥饿干渴，那（自然容易进入圣贤的境界，）不会以赶不上别人为忧虑了。"

13.28　孟子曰："柳下惠不以三公易其介。"

【译文】

孟子说："柳下惠不因为身居高位而改变他的操守。"

13.29　孟子曰："有为者辟若掘井，掘井九轫[①]而不及泉，犹为弃井也。"

【注释】

① 轫：同"仞"，古代计量单位，周制八尺，汉制七尺。

【译文】

孟子说："做一件事情譬如打井，打到六七丈深还不见泉水，仍然是一个废井。"

13.30　孟子曰：“尧舜，性之也；汤武，身之也；五霸，假之也。久假而不归，恶知其非有也。”

【译文】

孟子说：“尧舜把仁义当作自己的本性；商汤和周武王是身体力行仁义；五霸是假借利用仁义。但是，借得时间久了，总不归还，哪里知道是不是自己真有仁义呢？”

13.31　公孙丑曰：“伊尹曰：‘予不狎于不顺，放太甲于桐，民大悦。太甲贤，又反之，民大悦。’贤者之为人臣也，其君不贤，则固可放与？”

孟子曰：“有伊尹之志，则可；无伊尹之志，则篡也。”

【译文】

公孙丑说：“伊尹说过：‘我不愿亲近违背义礼的人，因此把太甲放逐到桐邑，百姓非常高兴。太甲改过自新，又恢复他的王位，百姓也非常高兴。’贤人作为臣属，君王不好，就可以放逐吗？”

孟子说：“有伊尹那样的心志，未尝不可；如果没有伊尹那样的心志，便是篡夺了。”

13.32　公孙丑曰：“《诗》曰：‘不素餐兮。’君子之不耕而食，何也？”

孟子曰：“君子居是国也，其君用之，则安富尊荣；其子弟从之，则孝悌忠信。‘不素餐兮’，孰大于是？”

【译文】

公孙丑说：“《诗经》中说：‘不白吃饭啊。’可是君子不种庄稼却吃饭，为什么呢？”

孟子说：“君子居住在一个国家，君王用他，就会平安、富足、尊贵、荣耀；少年子弟信从他，就会孝父母、敬兄长、忠诚守信。‘不白吃饭’，还有比这功劳更大的吗？”

13.33 王子垫问曰：“士何事？”

孟子曰：“尚志。”

曰：“何谓尚志？”

曰：“仁义而已矣。杀一无罪非仁也，非其有而取之非义也。居恶在？仁是也；路恶在？义是也。居仁由义，大人之事备矣。”

【译文】

王子垫问道：“士平时做什么事？”

孟子答道：“士要使自己的心志高尚。”

王子垫问道：“怎样才算使自己的心志高尚？”

孟子答道：“行仁义罢了。杀一个无罪的人，就不是仁；不是自己所有，却占有它，就不是义。居处在哪里呢？就在于仁；道路在哪里呢？就在于义。居住于仁，行走由义，君子的事情便完备了。”

13.34 孟子曰：“仲子，不义与之齐国而弗受，人皆信之，是舍箪食豆羹之义也。人莫大焉亡亲戚君臣上下。以其小者信其大者，奚可哉？”

【译文】

孟子说：“陈仲子，要是用不正当的方式把齐国交给他，他都不会接受，别人都相信这一点。（但是，）他那种义也只是抛弃一箪饭一碗汤的义。人没有比不讲父兄、君臣、尊卑更大的事，而（仲子便是这种人。）因为他有小节操，便相信他的大节操，怎么可以呢？”

13.35　桃应[1]问曰：“舜为天子，皋陶为士，瞽瞍杀人，则如之何？”

孟子曰：“执之而已矣。”

“然则舜不禁与？”

曰：“夫舜恶得而禁之？夫有所受之也。”

“然则舜如之何？”

曰：“舜视弃天下犹弃敝蹝[2]也。窃负而逃，遵海滨而处，终身䜣然，乐而忘天下。”

【注释】

①桃应：孟子弟子。②蹝（xǐ）：通“屣”，草鞋。

【译文】

桃应问道：“舜做天子，皋陶做法官，假如瞽瞍杀了人，那怎么办？”

孟子答道：“把他逮捕起来罢了。”

“那么，舜不阻止吗？”

孟子答道：“舜怎么能阻止呢？他去逮捕是有根据的。”

“那么，舜该怎么办呢？”

孟子答道：“舜把抛弃天子之位看成抛弃破草鞋一样。偷偷地背负了父亲而逃走，沿着海边住下来，一辈子很快乐，把曾经做过天子的事情忘记掉。”

13.36　孟子自范[1]之齐，望见齐王之子，喟然叹曰："居移气，养移体，大哉居乎！夫非尽人之子与？"

孟子曰："王子宫室、车马、衣服多与人同，而王子若彼者，其居使之然也；况居天下之广居[2]者乎？鲁君之宋，呼于垤泽之门[3]。守者曰：'此非吾君也，何其声之似我君也？'此无他，居相似也。"

【注释】

①范：地名，故城在今河南省范县东南。②广居：仁。③垤泽之门：宋城城门。

【译文】

孟子从范邑到齐都，远远地望见了齐王的儿子，长叹道："环境改变气度，奉养改变体质，环境真是重要啊！他不也是人的儿子吗？（为什么就显得与众不同了呢？）"

孟子又说："王子的住所、车马和衣服多半同别人相同，然而王子却那样与众不同，就因为他所居住的环境使他这样的；何况以'仁'为自己住所的人呢？鲁君到宋国去，在宋国的城门下呼喊，守门的人说：'这不是我的国君啊，为什么他的声音这么像我们的国君呢？'这没有别的缘故，只是因为环境相像罢了。"

13.37　孟子曰："食而弗爱，豕交之也；爱而不敬，兽畜之也。恭敬者，币之未将[1]者也。恭敬而无实，君子不可虚拘。"

【注释】

①将：送。

【译文】

孟子说："（对于人）养活而不爱护，就像养猪；爱护而不恭敬，就像养牲口。恭敬之心是在送上礼物之前就应该具备的。徒有恭敬的形式，没有恭敬的实质，君子是不会拘泥于这种虚假的礼数的。"

13.38 孟子曰："形色，天性也；惟圣人然后可以践形。"

【译文】

孟子说："人的身体容貌是天生的，（这种外表的美要靠内在的美来充实它，）只有圣人才能做到。"

13.39 齐宣王欲短丧。公孙丑曰："为期之丧，犹愈于已乎？"

孟子曰："是犹或紾其兄之臂，子谓之姑徐徐云尔，亦教之孝悌而已矣。"

王子有其母死者，其傅为之请数月之丧。公孙丑曰："若此者何如也？"

曰："是欲终之而不可得也。虽加一日愈于已，谓夫莫之禁而弗为者也。"

【译文】

齐宣王想要缩短守孝的时间。公孙丑说："（父母死了，）守孝一年，不是还比完全不守孝强些吗？"

孟子说："这好比有一个人在扭他哥哥的胳膊，你却对他说，暂且慢慢地扭吧。你应该教导他孝悌才对。"

王子的母亲去世了，王子的师傅替他请求守孝几个月。公孙丑问道：“像这样的事，怎么样？”

孟子答道：“这个是由于王子想要把三年的丧期守完，而办不到，那么（我上次所讲，）纵使多守孝一天也比不守孝好。这是针对那些没有人禁止他守孝，自己却不去守孝的人说的。”

13.40　孟子曰：“君子之所以教者五：有如时雨化之者，有成德者，有达财者，有答问者，有私淑艾者。此五者，君子之所以教也。”

【译文】

孟子说：“君子有五种教育人的方法：有像及时雨一样教化的，有成全品德的，有培养才能的，有解答疑问的，还有靠学识风范使别人私下受到教诲的。这便是君子教育人的五种方法。”

13.41　公孙丑曰：“道则高矣，美矣，宜若登天然，似不可及也；何不使彼为可几及而日孳孳也？”

孟子曰：“大匠不为拙工改废绳墨，羿不为拙射变其彀率。君子引而不发，跃如也。中道而立，能者从之。”

【译文】

公孙丑说：“道很高很完美，简直像登天一般，似乎不可企及，为什么不让它变得有可能达到，好让人们每天去努力追求呢？”

孟子说：“高明的工匠不因为笨拙的工人改变或者废止规矩，羿也不因为笨拙的射手改变拉开弓的标准。君子（教导别人正如射手，）张满了弓，却不发箭，做出跃跃欲试的样子。君子站在正确道路的中间，有能力的人就会跟着他。”

13.42　孟子曰："天下有道，以道殉身；天下无道，以身殉道；未闻以道殉乎人者也。"

【译文】

孟子说："天下清明，'道'因之得到施行；天下黑暗，用生命来捍卫'道'。没有听说过牺牲'道'来屈从他人的。"

13.43　公都子曰："滕更之在门也，若在所礼，而不答，何也？"

孟子曰："挟贵而问，挟贤而问，挟长而问，挟有勋劳而问，挟故而问，皆所不答也。滕更有二焉。"

【译文】

公都子说："滕更在您门下的时候，似乎该在以礼相待之列，可是您却不回答他，为什么呢？"

孟子说："倚仗着自己的权势来发问，倚仗着自己贤能来发问，倚仗着自己年纪大来发问，倚仗着自己有功劳来发问，倚仗着自己是老交情来发问，都是我所不回答的。（在这五条里面）滕更占了两条。"

13.44　孟子曰："于不可已①而已者，无所不已。于所厚者薄，无所不薄也。其进锐者，其退速。"

【注释】

①已：停止。

【译文】

孟子说："对于不可以停止的却停止了，那没有什么不可以停止的了；对于所厚待的人却去薄待他，那没有谁不可以薄待的了。前进太快的人，后退也快。”

13.45　孟子曰：“君子之于物也，爱之而弗仁；于民也，仁之而弗亲。亲亲而仁民，仁民而爱物。”

【译文】

孟子说:“君子对于万物，爱惜它，却不用仁德对待它;对于百姓，用仁德对待他,却不亲爱他。君子亲爱亲人,因而仁爱百姓;仁爱百姓,因而爱惜万物。”

13.46　孟子曰：“知者无不知也，当务之为急；仁者无不爱也，急亲贤之为务。尧舜之知而不遍物，急先务也；尧舜之仁不遍爱人，急亲贤也。不能三年之丧，而缌①、小功②之察；放饭③流歠④，而问无齿决⑤，是之谓不知务。”

【注释】

①缌（sī）:缌麻，穿三个月的孝服。②小功：穿五个月的孝服，如外孙为外祖父母带孝，古人用这种孝服。③放饭:大口吃饭。④流歠（chuò）:大口喝汤。⑤齿决：用牙齿啃断干肉。古时湿肉能用牙齿啃断,干肉只能用手折断。在长者面前用牙齿啃断干肉,这是不大礼貌的。

【译文】

孟子说：“智者本该无所不知，但应当以当前该做的事情为急；仁者本该无所不爱，但是务必先爱亲人和贤者。尧舜的智慧不能完全知道一切事物，因为他急于知道首要任务；尧舜的仁德不能普遍爱一切的人，因为他急于爱亲人和贤者。如果不能够实行三年的丧礼，却对于缌麻三月、小功五月的丧礼仔细讲求；在尊长之前用餐，大口吃饭，大口喝汤，（没有礼貌，）却讲求不要用牙齿啃断干肉，这个叫作不识大体。”

尽心下

14.1　孟子曰：“不仁哉，梁惠王也！仁者以其所爱及其所不爱，不仁者以其所不爱及其所爱。”

公孙丑问曰：“何谓也？”

“梁惠王以土地之故，糜烂其民而战之，大败，将复之，恐不能胜，故驱其所爱子弟以殉之，是之谓以其所不爱及其所爱也。”

【译文】

孟子说：“梁惠王真是不仁啊！仁者把他喜爱的推及到他不喜爱的，不仁者却把他不喜爱的推及到他喜爱的。”

公孙丑问道：“这话是什么意思呢？”

孟子答道：“梁惠王因为争夺土地，让他的百姓骨肉糜烂，为他而战。被打败了，预备再战，怕不能得胜，又驱使他所喜爱的子弟去死战，这就叫把他不喜爱的推及到他喜爱的。”

14.2　孟子曰：“春秋无义战。彼善于此，则有之矣。征者，上伐下也，敌国不相征也。”

【译文】

孟子说：“春秋时代没有正义的战争。那一国比这一国好一些，是有的。但是征讨的意思是在上者讨伐在下者，对等的国家是不能互相征讨的。”

14.3　孟子曰："尽信《书》，则不如无《书》。吾于《武成》，取二三策[①]而已矣。仁人无敌于天下，以至仁伐至不仁，而何其血之流杵也？"

【注释】

①策：竹简。

【译文】

孟子说："完全相信《书》，那不如没有《书》。我对于《武成》一篇，所取的不过两三简罢了。仁人在天下没有敌手，以周武王这至仁之人来讨伐商纣王这至不仁之人，怎么会使血流得连捣米用的木槌都漂流起来了呢？"

14.4　孟子曰："有人曰：'我善为陈[①]，我善为战。'大罪也。国君好仁，天下无敌焉。南面而征，北狄[②]怨；东面而征，西夷怨，曰：'奚为后我？'武王之伐殷也，革车三百两，虎贲三千人。王曰：'无畏！宁尔也，非敌百姓也。'若崩厥角[③]稽首。征之为言正也，各欲正己也，焉用战？"

【注释】

①陈：同"阵"，指军队作战时布置的局势。②北狄：北夷。③厥角：以额触地。

【译文】

孟子说："有人说：'我善于摆作战的阵势，我善于作战。'其实这是大罪恶。一国的君主如果喜爱仁德，整个天下便不会有敌手。（商汤）征讨南方，北方便怨恨；征讨东方，西方便怨恨，说：'为什么不先到我这里来？'周武王讨伐殷商，兵车三百辆，勇士三千人。

武王说：'不要害怕！我是来安抚你们的，不是同你们为敌的。'百姓便都把额角触地叩起头来，声响好像山陵倒塌一般。征的意思是正，每个人都想着端正自己，哪里用得着打仗呢？"

14.5　孟子曰："梓匠轮舆能与人规矩，不能使人巧。"

【译文】

孟子说："木工以及专做车轮或者车箱的人能够把制作的规矩准则传授给别人，却不能够使别人一定具有高明的技巧。"

14.6　孟子曰："舜之饭糗[①]茹[②]草也，若将终身焉；及其为天子也，被袗衣，鼓琴，二女果[③]，若固有之。"

【注释】

① 糗（qiǔ）：干饭。② 茹：吃。③ 果：侍候。

【译文】

孟子说："舜吃干粮啃野菜的时候，似乎准备终身如此；等到他做了天子，穿着麻葛单衣，弹着琴，尧的两个女儿侍候着，又像本来就拥有这些似的。"

14.7　孟子曰："吾今而后知杀人亲之重也：杀人之父，人亦杀其父；杀人之兄，人亦杀其兄。然则非自杀之也，一间耳。"

【译文】

孟子说："我今天才知道杀戮别人的亲人报复之重：杀了别人的父亲，别人也就会杀他的父亲；杀了别人的哥哥，别人也会杀他的哥哥。那么,(虽然父亲和哥哥)不是被自己杀掉的,但也相差不远了。”

14.8　孟子曰:“古之为关也,将以御暴;今之为关也,将以为暴。”

【译文】

孟子说:“古代设立关卡是打算抵御暴行,今天设立关卡却是打算实行暴行。”

14.9　孟子曰:“身不行道,不行于妻子;使人不以道,不能行于妻子。”

【译文】

孟子说:“本人不依道而行,道在妻子身上都行不通;使唤别人不合于道,去使唤妻子都不可能。”

14.10　孟子曰:“周①于利者凶年不能杀②,周于德者邪世不能乱。”

【注释】

①周:富足。②杀:缺乏,有窘困的意思。

【译文】

孟子说:“财富富足的人荒年都不受窘困,道德高尚的人乱世都不会迷惑。”

14.11　孟子曰:“好名之人能让千乘之国,苟非其人,箪食豆羹见于色。”

【译文】

孟子说："好名的人可以把有千辆兵车国家的君位让给别人，但是，若不是受让的对象，就是要他让一箪饭，一碗汤，他不高兴的神色都会在脸上表现出来。"

14.12　孟子曰："不信仁贤，则国空虚；无礼义，则上下乱；无政事，则财用不足。"

【译文】

孟子说："不信任仁德贤能的人，那国家就会空虚；没有礼义，上下的关系就会混乱；没有好的政治，国家的财政就会不够用。"

14.13　孟子曰："不仁而得国者，有之矣；不仁而得天下者，未之有也。"

【译文】

孟子说："没有仁德而能得到一个国家，是有的；没有仁德而能得到天下，从未有过。"

14.14　孟子曰："民为贵，社稷次之，君为轻。是故得乎丘民①而为天子，得乎天子为诸侯，得乎诸侯为大夫。诸侯危社稷，则变置。牺牲既成，粢盛既洁，祭祀以时，然而旱干水溢，则变置社稷。"

【注释】

①丘民：百姓。

【译文】

孟子说："百姓最为重要，土谷之神为次，君主为轻。所以得到百姓的拥护就能够做天子，得到天子的信任就能够做诸侯，得到诸侯的信任就能够做大夫。诸侯危害国家，那就改立。牺牲既已肥壮，祭品又已洁净，致祭又按照时令，但是还遭受旱灾、水灾，那就改立土谷之神。"

14.15 孟子曰："圣人，百世之师也，伯夷、柳下惠是也。故闻伯夷之风者，顽夫廉，懦夫有立志；闻柳下惠之风者，薄夫敦，鄙夫宽。奋乎百世之上，百世之下，闻者莫不兴起也。非圣人而能若是乎？而况于亲炙之者乎？"

【译文】

孟子说："圣人是百代的师表，伯夷和柳下惠便是这样的人。所以听到伯夷的高风亮节，贪得无厌的人清廉起来了，懦弱的人也有独立不屈的意志了；听到柳下惠的高风亮节，刻薄的人也厚道起来了，狭隘的人也会变得心胸宽广。他们在百代以前发奋而为，在百代之后，听到的人没有不为之感动奋发的。不是圣人，能够这样吗？（百代以后还如此，）何况亲自受到熏陶的人呢？"

14.16 孟子曰："仁也者，人也。合而言之，道也。"

【译文】

孟子说："仁的意思就是人。仁和人合起来讲，就是道。"

14.17 孟子曰："孔子之去鲁，曰：'迟迟吾行也，去父

母国之道也。’去齐，接淅而行，去他国之道也。”

【译文】

孟子说：“孔子离开鲁国时，说：‘我们慢慢走吧，这是离开祖国的态度。’离开齐国时，不等把米淘完，漉干就走，这是离开别国的态度。”

14.18　孟子曰：“君子[①]之厄于陈、蔡之间，无上下之交也。”

【译文】

孟子说：“孔子在陈国、蔡国之间遭到困厄，是和两国的君臣都没有交往的缘故。”

14.19　貉稽曰：“稽大不理于口。”

孟子曰：“无伤也。士憎兹多口。《诗》云：‘忧心悄悄，愠于群小。’孔子也。‘肆不殄厥愠，亦不殒厥问。’文王也。”

【译文】

貉稽说：“我的口碑很不好。”

孟子说：“没有关系。士人总会遭到许多非议。《诗经》中说：‘烦恼沉沉压在心，小人对我恼又恨。’说的是孔子。又说：‘别人的怨恨虽未消，自己的声誉并不倒。’说的是文王。”

14.20　孟子曰：“贤者以其昭昭使人昭昭，今以其昏昏使人昭昭。”

【译文】

孟子说："贤人（教导别人，）必先使自己彻底明白了，然后才去使别人明白；今天的人（教导别人，）自己还模模糊糊，却用这些模模糊糊的东西去使别人明白。"

14.21 孟子谓高子曰："山径[1]之蹊，间介然用之而成路；为间[2]不用，则茅塞之矣。今茅塞子之心矣。"

【注释】

① 山径：径，同"陉"，山坡。② 为间：为时不久。

【译文】

孟子对高子说道："山坡的小路只有一点点宽，经常去走便变成了一条路；隔些时候不走它，就会被茅草堵塞了。现在茅草也把你的心堵塞了。"

14.22 高子曰："禹之声尚文王之声。"

孟子曰："何以言之？"

曰："以追蠡。"

曰："是奚足哉？城门之轨，两马之力与？"

【译文】

高子说："禹的音乐胜过文王的音乐。"

孟子说："为什么这么说呢？"

答道："因为禹传下来的钟钮都快断了。"

孟子说："这怎么足以证明呢？城门下的车迹那样深，难道只是几匹马的力量吗？（那是年代久远的缘故。）"

14.23 齐饥。陈臻曰："国人皆以夫子将复为发棠[①]，殆不可复。"

孟子曰："是为冯妇也。晋人有冯妇者，善搏虎，卒为善士。则之野，有众逐虎。虎负嵎，莫之敢撄。望见冯妇，趋而迎之。冯妇攘臂下车。众皆悦之，其为士者笑之。"

【注释】

① 发棠："发"是指打开仓廪来赈济人民。棠，地名，今山东省青岛市即墨区南有甘棠社。

【译文】

齐国遭了饥荒，陈臻对孟子说："国内的人都以为老师会再度劝齐王打开棠地的仓廪来赈济人民，大概不可以再这样做吧。"

孟子说："再这样做便成了冯妇了。晋国有个叫冯妇的人，善于和老虎搏斗，后来变成善人（，不再打虎了）。有次他到野外，有许多人正追逐老虎。老虎背靠着山角，没有人敢去靠近它。他们看到冯妇了，便快走向前去迎接。冯妇也就捋起袖子，伸出胳膊，走下车来。大家都很高兴，可是士人却在讥笑他。"

14.24 孟子曰："口之于味也，目之于色也，耳之于声也，鼻之于臭[①]也，四肢之于安佚也，性也，有命焉，君子不谓性也。仁之于父子也，义之于君臣也，礼之于宾主也，知之于贤者也，圣人之于天道也，命也，有性焉，君子不谓命也。"

【注释】

① 臭（xiù）：本义是"气味"，不论香臭都叫"臭"，此处专指芬芳的气味。

【译文】

孟子说："口对于美味，眼对于美色，耳对于好听的声音，鼻对于芬芳的气味，手足四肢喜欢舒服，这些爱好，都是天性，但是得到与否，却属于命运，所以君子不把它们认为是天性的必然。仁在父子之间，义在君臣之间，礼在宾主之间，智慧对于贤者，圣人对于天道，能够实现与否，属于命运，但也是天性的必然，所以君子不把它们认为是该属于命运的。"

14.25　浩生不害[①]问曰："乐正子何人也？"

孟子曰："善人也，信人也。"

"何谓善？何谓信？"

曰："可欲之谓善，有诸己之谓信，充实之谓美，充实而有光辉之谓大，大而化之之谓圣，圣而不可知之之谓神。乐正子，二之中、四之下也。"

【注释】

① 浩生不害：姓浩生，名不害，齐国人。

【译文】

浩生不害问道："乐正子是怎样的人？"

孟子答道："好人，实在人。"

"什么叫好？什么叫实在？"

孟子答道："值得人喜欢便是好；那些好处确实存在于他自身，便是诚信；使那些好处充满他全身便是美；不但充满，而且能够光彩夺目地表现出来便是大；大而又能化育万物便是圣；圣达到不可测度的境界便是神。乐正子符合'好''诚信'这两条，但还没达到

‘美’‘大’‘圣’‘神’四者的要求。”

14.26　孟子曰：“逃墨必归于杨，逃杨必归于儒。归，斯受之而已矣。今之与杨、墨辩者，如追放豚，既入其苙[①]，又从而招之。”

【注释】

① 苙：畜养牲畜的栏。

【译文】

孟子说：“离开墨子一派的一定归入杨朱这一派；离开杨朱一派的，一定回到儒家。归向儒家，接纳他们就是了。今天同杨、墨两家相辩论的人，好像追逐走失的猪一样，已经送回猪圈里了，还要缚住它们的脚。”

14.27　孟子曰：“有布缕之征，粟米之征，力役之征。君子用其一，缓其二。用其二而民有殍，用其三而父子离。”

【译文】

孟子说：“有征收布帛的赋税，有征收粟米的赋税，还有征发人力的赋税。君子于三者之中，用其中一种，那两种便暂时不用。如果同时用两种，百姓就会有饿死的；如果同时用三种，那父子就会骨肉离散。”

14.28　孟子曰：“诸侯之宝三：土地、人民、政事。宝珠玉者，殃必及身。”

【译文】

孟子说："诸侯有三宝：土地、百姓和政事。以珍珠美玉为宝的，灾祸必定会降到他身上。"

14.29　盆成括仕于齐，孟子曰："死矣盆成括！"

盆成括见杀，门人问曰："夫子何以知其将见杀？"

曰："其为人也小有才，未闻君子之大道也，则足以杀其躯而已矣。"

【译文】

盆成括在齐国做官，孟子说："盆成括离死不远了！"

盆成括被杀，学生问道："老师怎么知道他会被杀？"

孟子答道："他这个人有点小聪明，但是不知道君子的大道，这就足以招来杀身之祸了。"

14.30　孟子之滕，馆于上宫。有业屦于牖上，馆人求之弗得。或问之曰："若是乎从者之廋也？"

曰："子以是为窃屦来与？"

曰："殆非也。夫子之设科也，往者不追，来者不拒。苟以是心至，斯受之而已矣。"

【译文】

孟子到了滕国，住在上宫。有一双没有织成的草鞋在窗上不见了，旅馆中的人找不到。有人便问孟子："是跟随您的人把它藏起来了吧？"

孟子说："你以为他们是为了偷草鞋而来的吗？"

那人答道：“大概不是的。你老人家开设课程，去的不追问，来的不拒绝。只要他们怀着学习的心来，便也接受了。”

14.31　孟子曰：“人皆有所不忍，达之于其所忍，仁也；人皆有所不为，达之于其所为，义也。人能充无欲害人之心，而仁不可胜用也；人能充无穿逾之心，而义不可胜用也；人能充无受尔汝[①]之实，无所往而不为义也。士未可以言而言，是以言餂[②]之也；可以言而不言，是以不言餂之也，是皆穿逾之类也。”

【注释】

① 尔汝：“尔”“汝”为古代尊长对卑幼的对称代词，如果平辈之间这样称呼，便表示对他的轻视贱视。② 餂：同“舔”，引申为诱取。

【译文】

孟子说：“每个人都有不忍心做的事，把它扩充到忍心做的事上，便是仁；每个人都有不肯做的事，把它扩充到肯做的事上，便是义。人能够把不想害人的心加以扩充，仁便用不尽了；人能够把不挖洞跳墙的心加以扩充，义便用不尽了；人能够把不受轻贱的实际言行加以扩充，那无论到哪里都合于义了。对于士人，不可以同他谈论却去同他谈论，这是用言语来诱他以便自己取利；可以同他谈论却不去同他谈论，这是用沉默来诱他以便自己取利，这些都是属于挖洞跳墙这一类的行为。”

14.32　孟子曰：“言近而指远者，善言也；守约而施[①]博者，善道也。君子之言也，不下带而道存焉；君子之守，

修其身而天下平。人病舍其田而芸人之田，所求于人者重，而所以自任者轻。”

【注释】

①施：恩惠。

【译文】

孟子说：“言语浅近，意义却深远的，这是‘善言’；所操持的简单，效果却广大的，这是‘善道’。君子的言语，讲的虽是常见的事情，可是‘道’就在其中；君子的操守，从修养自己开始，（然后去影响别人，）从而使天下太平。有些人的毛病就在于放弃自己的田地，却去替别人耕田，要求别人的很重，自己负担的却很轻。”

14.33　孟子曰：“尧舜，性者也；汤武，反之也。动容周旋中礼者，盛德之至也。哭死而哀，非为生者也。经德不回①，非以干禄也；言语必信，非以正行也。君子行法，以俟命而已矣。”

【注释】

①回：违背。

【译文】

孟子说：“尧舜行仁德是出于本性，汤武经过修身回复本性然后力行。动作容貌合于礼，是德性的最高表现。为死者哭泣显得很悲哀，不是做给生者看的。依据道德而行，不违背礼，不是为了谋取官位。言语一定信实，不是为了使人知道我的行为端正。君子依法度而行，以等待天命。”

14.34 孟子曰："说大人，则藐之，勿视其巍巍然。堂高数仞，榱题[①]数尺，我得志，弗为也。食前方丈，侍妾数百人，我得志，弗为也。般乐饮酒，驱骋田猎，后车千乘，我得志，弗为也。在彼者，皆我所不为也；在我者，皆古之制也，吾何畏彼哉？"

【注释】

① 榱（cuī）题：屋椽的端头。

【译文】

孟子说："向诸侯进言，就得轻视他，不要把他高高在上的地位放在眼里。殿堂的基础两三丈高，屋檐几尺宽，我如果得志，不会去做。菜肴满桌，姬妾几百，我如果得志，不会去做。饮酒作乐，驰骋田猎，跟随的车子千余辆，我如果得志，不会去做。他所有的，都是我不会去做的；我所有的，都是符合古代制度的，那我为什么要怕他呢？"

14.35 孟子曰："养心莫善于寡欲。其为人也寡欲，虽有不存焉者，寡矣；其为人也多欲，虽有存焉者，寡矣。"

【译文】

孟子说："修养心性的最好方法莫过于减少物质欲望。一个人的欲望不多，那善性纵使有所丧失，也不会多；一个人的欲望很多，那善性纵使有所保存，也是极少的了。"

14.36 曾晳嗜羊枣[①]，而曾子不忍食羊枣。公孙丑问曰："脍炙与羊枣孰美？"

孟子曰："脍炙哉！"

公孙丑曰："然则曾子何为食脍炙而不食羊枣？"

曰："脍炙所同也，羊枣所独也。讳名[②]不讳姓，姓所同也，名所独也。"

【注释】

① 羊枣：黑枣。② 讳名：在古代，父母、君上的名字，讲不得，写不得，叫作避讳。

【译文】

曾皙喜欢吃羊枣，曾子因而不忍心吃羊枣。公孙丑问道："炒肉末和羊枣哪一种好吃？"

孟子答道："炒肉末呀！"

公孙丑又问："那么，曾子为什么吃炒肉末却不吃羊枣？"

答道："炒肉末是大家都喜欢吃的，羊枣只是个别人喜欢吃的。这就像父母之名应该避讳，姓却不避讳，因为姓是大家相同的，名却是他独自一个人的。"

14.37　万章问曰："孔子在陈曰：'盍归乎来！吾党之小子狂简，进取，不忘其初。'孔子在陈，何思鲁之狂士？"

孟子曰："孔子'不得中道而与之，必也狂狷乎！狂者进取，狷者有所不为也'。孔子岂不欲中道哉？不可必得，故思其次也。"

"敢问何如斯可谓狂矣？"

曰："如琴张、曾皙、牧皮者，孔子之所谓狂矣。"

"何以谓之狂也？"

曰："其志嘐嘐[①]然，曰：'古之人，古之人。'夷考其行，而不掩焉者也。狂者又不可得，欲得不屑不洁之士而与之，是猥也，是又其次也。孔子曰：'过我门而不入我室，我不憾焉者，其惟乡原乎！乡原，德之贼也。'"

曰："何如斯可谓之乡原矣？"

曰："'何以是嘐嘐也？言不顾行，行不顾言，则曰，古之人，古之人。行何为踽踽[②]凉凉？生斯世也，为斯世也，善斯可矣。'阉然媚于世也者，是乡原也。"

万子曰："一乡皆称原人焉，无所往而不为原人，孔子以为德之贼，何哉？"

曰："非之无举也，刺之无刺也，同乎流俗，合乎污世，居之似忠信，行之似廉洁，众皆悦之，自以为是，而不可与入尧舜之道，故曰'德之贼'也。孔子曰：恶似而非者：恶莠，恐其乱苗也；恶佞，恐其乱义也；恶利口，恐其乱信也；恶郑声，恐其乱乐也；恶紫，恐其乱朱也；恶乡原，恐其乱德也。君子反经而已矣。经正，则庶民兴；庶民兴，斯无邪慝矣。"

【注释】

① 嘐（xiāo）嘐：形容志大而言夸。② 踽（jǔ）踽：单身独行、孤独无依的样子。

【译文】

万章问道："孔子在陈国，说道：'何不回去呢！我那些学生们志向远大而狂放，进取而不忘本。'孔子在陈国，为什么思念鲁国这些狂放之人？"

孟子答道："孔子说过：'找不到中道之人相结交，那一定只能结识狂放之人和狷介之士吧。狂放之人向前进取，狷介之士有所不为。’孔子难道不想结交中道之人吗？不一定能得到，所以只能次一等了。”

“请问，什么样的人才能叫作狂放的人？”

孟子答道：“像琴张、曾皙、牧皮这类人就是孔子所说的狂放的人。”

“为什么说他们是狂放的人呢？”

孟子答道：“他们志向远大，口气也大，开口就说：‘古时的人，古时的人。’可是一考察他们的行为，却不和言语相吻合。这种狂放之人如果也不能得到，便想和不屑于做坏事的人来交友，这便是狷介之士，这又是次一等的。孔子说：‘从我家大门经过，却不进到我屋里来，对此不感到遗憾的，恐怕只有好好先生吧。好好先生，是残害道德的人。’”

万章问道：“什么样的人可以叫作好好先生呢？”

孟子答道：“（好好先生批评狂放之人说：）‘为什么这样志气高大呢？实在是言语不能和行为相照应，行为也不能同言语相照应，就只说古时的人，古时的人。’（又批评狷介之士说：）‘又为什么这样落落寡合呢？’（又说：）‘在这个社会上，为这个社会做事，只要过得去便行了。’卑贱地献媚于世人，这样的人就是好好先生。”

万章说：“全乡的人都说他是老好人，他也到处表现出是一个老好人，孔子竟把他看成贼害道德的人，为什么呢？”

孟子答道：“这种人，要责怪他，却又举不出什么大错误来；要责骂他，却也没有什么可责骂的，他只是同流合污，为人好像忠诚老实，行为好像清正廉洁，大家也都喜欢他，他自己也以为正确，但是与尧舜之道完全违背，所以说他是贼害道德的人。孔子说过，厌恶那种外貌相似内容全非的东西：厌恶狗尾草，因为怕它混淆了禾苗；厌恶不正当的才智，因为怕它扰乱正义；厌恶夸夸其谈，因为怕它混淆事实；厌恶郑国的乐曲，因为怕它扰乱雅乐；厌恶紫色，因为怕它扰乱大红色；厌恶好好先生，就是因为怕他扰乱了德行。君子不过使一切回到正道罢了。正道不被歪曲，老百姓就会振作起来；老百姓振作起来，就没有邪恶了。”

14.38　孟子曰："由尧舜至于汤，五百有余岁；若禹、皋陶，则见而知之；若汤，则闻而知之。由汤至于文王，五百有余岁，若伊尹、莱朱，则见而知之；若文王，则闻而知之。由文王至于孔子，五百有余岁，若太公望、散宜生，则见而知之；若孔子，则闻而知之。由孔子而来至于今，百有余岁，去圣人之世若此其未远也，近圣人之居若此其甚也，然而无有乎尔，则亦无有乎尔。"

【译文】

孟子说："从尧舜到商汤，经历了五百多年，像大禹、皋陶，是亲眼见到而了解尧舜的；像商汤，则是听说而了解尧舜的。从商汤到文王，经历了五百多年，像伊尹、莱朱，是亲眼见到而了解商汤的；像文王，则是听说而了解商汤的。从文王到孔子，又经历了五百多年，像太公、散宜生，是亲眼见到而了解文王的；像孔子，则是听说而了解文王的。从孔子到现在，不过一百多年，离圣人的年代并不久远，与圣人的家乡如此接近，但是已经没有继承的人了，也竟然没有继承的人了。"

后 记

孟子是中国古代伟大的思想家、教育家、政治家，儒家学派的代表人物，与孔子并称“孔孟”。孟子在孔子“仁”学说的基础上，以性善论为出发点，将“仁”提升到治国理政的高度，将儒家学说发扬光大，使其进一步完整化、系统化，在学术史上产生了深远影响，对中华民族性格的养成、发展起到了积极的作用。习近平总书记强调指出，中国优秀传统文化的丰富哲学思想、人文精神、教化思想、道德理念等，可以为人们认识和改造世界提供有益启迪，可以为治国理政提供有益启示，也可以为道德建设提供有益启发。从中华优秀传统文化特别是儒家思想中汲取思想智慧、涵养为政之德，读懂《孟子》等经典著作是重要途径。

《孟子》作为儒家的经典著作，是孟子的言论汇编，记录了孟子对弟子的言传身教、游说诸侯等内容，由孟子及其弟子共同编撰而成。《孟子》全面地展现了战国时期以孟子为代表的儒家思想，其思想内容、思维方式、价值取向深深地影响了中华民族几千年。

对于《孟子》，历来研究者众多，有大量的注释和解读版本，不同专家学者的观点也不尽相同，对一些章句的释义有很多争论，甚至有的分歧很大。为满足干部政德教育培训需求，我们坚持以党的十九大精神为指导，针对党员干部群体的特点，组织专家团队广泛查阅史料典籍，紧密结合战国时代文化背景，本着力求阐释《孟子》的本真含义而不陷于学术争论的原则，审慎编写了本书，以帮助读者掌握《孟子》的核心要义，从中汲取修身养性、为政处事的智慧。

在本书编写过程中，我们查证了大量历史著述和篇章注解，以朱熹《四书集注》和焦循《孟子正义》为主要依据，参考杨伯峻《孟子译注》等其余各家论著，吸收借鉴了《孟子》研究领域的最新成果，博采众家之所长，以期能更好地诠释《孟子》，但由于能力水平所限，疏漏、错误之处在所难免，恳请专家、读者批评指正。

编　者

二〇一九年十二月

图书在版编目（CIP）数据

孟子译注 / 济宁干部政德教育学院编． -- 济南：
齐鲁书社，2019.12
ISBN 978-7-5333-4223-4

Ⅰ．①孟⋯ Ⅱ．①济⋯ Ⅲ．①儒家②《孟子》—译文
③《孟子》—注释 Ⅳ．①B222.5

中国版本图书馆 CIP 数据核字（2019）第 284602 号

孟子译注
MENGZI YIZHU

济宁干部政德教育学院 编

主管单位	山东出版传媒股份有限公司
出版发行	齊魯書社
社　　址	济南市英雄山路 189 号
邮　　编	250002
网　　址	www. qlss. com. cn
电子邮箱	qilupress@126. com
印　　刷	山东临沂新华印刷物流集团有限责任公司
开　　本	720mm × 1020mm 1/16
印　　张	16.5
插　　页	3
字　　数	230 千
版　　次	2019 年 12 月第 1 版
印　　次	2019 年 12 月第 1 次印刷
标准书号	ISBN 978-7-5333-4223-4
定　　价	33.00元